우리가 사랑한 단어들

일러두기

1. 우리말 뜻풀이는 주로 국립국어원 표준대국어사전을 참조했으며, 단어에 따라 다른 한국어대사전도 활용했습니다.
2. 사전에는 단어의 뜻풀이가 여러 가지 나오는데, 책에는 본문 중 해당 문장에서 사용한 뜻을 중심으로 풀이를 써 두었습니다.
3. 본문 중에는 순우리말이 아니지만 알아 두면 도움될 단어도 아래쪽에 뜻풀이를 써 두었습니다. 한자어는 한자를 나란히 적었습니다.
4. 본문에는 주제별로 다양한 순우리말이 나오지만, 차례에는 지면의 한계로 대표 단어들만 10개 이내로 정리했습니다.

우리가 사랑한 단어들

삶의 장면마다 발견하는
순우리말 목록

신효원 지음

생각지도

추천의 글

AI는 쓸 수 없는 글. 이 책은 그런 책입니다. 검색과 분류, AI는 잘 해내겠죠. 하지만 사색과 상상, 이건 인간의 영역, 신효원 작가의 특장점입니다.
책을 읽는 이유 중에는 공감, 호기심, 기쁨이 있을 것입니다. 나만 그런 게 아니구나, 느낄 때의 안도감. 이게 이런 거구나! 궁금증이 풀릴 때의 즐거움. 미처 몰랐던 것을 깨닫고 배우는 행복. 이 책에는 고루 담겨 있습니다. 그중에서도 우리 말, 단어를 알아가는 뿌듯함이 가득합니다.
책을 즐겨 읽고 글쓰기를 좋아하는 분이라면 흥미진진할 것입니다. 섬세한 일상 속에 스며들어 있는 낱말, 좀 더 알아보려 덧붙인 세심한 낱말 풀이, 야무지게 이어지는 단어의 사전적 의미. 이렇게 구성되어 있거든요.
일상에 숨어 있어 미처 몰라봤지만 보석처럼 빛나는 낱말들, 비늘이 반짝이는 싱싱한 단어들을 길어 올릴 수 있는 이 책을 당신에게만 권합니다.

_ 이금희, 방송인

덤에 덤을 얹어 주는 풍성한 책입니다. 저자는 한 편의 글마다 낱말에 얽힌 개인적인 사연과 느낌을 말합니다. 그 낱말이 글에 어떻게 쓰일 수 있는지 보여 주는 예시이자, 저자가 마음에 품었던 이야기를 풀어 놓은 정갈한 에세이입니다. 읽다 보면 그 낱말에 마음이 머물고, 오래도록 잊고 있던 기억이 떠오르기도 합니다.

이것만으로도 값어치가 충분한데, 이어서 한 편의 글을 응축한 시화전이 펼쳐집니다. 본문의 단정한 글을 아름다운 시구로 읊조리고 그에 걸맞은 이미지를 덧붙였습니다.

이게 끝이 아닙니다. 글마다 '사랑을 부르는 순우리말', '맛을 부르는 순우리말' 등 우리말의 주제어를 정해 그 활용 사례를 보여 줍니다. 곁에 두고 글 쓸 때마다 들춰 보고 싶을 만큼 재미있습니다. 무엇보다 실용적입니다.

마지막으로 한눈에 보기 좋게 정리한 '우리말 뜻풀이'도 놓칠 수 없습니다. 우리말을 향한 시선과 사유가 이처럼 깊고 따뜻할 수 있다니. 한 권의 책에 우리말에 대한 저자의 사랑을 무한대로 담아낸 책입니다. 매년 한글날이면 더 생각날 책입니다.

_**강원국**, 작가

프롤로그

아무도 모르게,
당신의 단어를 웅얼거려 보세요

여덟 살의 어느 날이었어요.

아무도 없는 집의 정적에 압도됐던 오후, 학교에서 돌아와 두꺼운 이불로 작은 동굴을 만들었어요. 좁다란 이불 동굴 속에 잔뜩 웅크린 몸을 구겨 넣고선 전날 읽다 만 책을 꺼내 들었습니다. 그날은 안온한 동굴로도 적막의 두려움이 가시지 않았는지 소리 내어 책을 읽기 시작했어요.

이윽고 여덟 살 아이의 마음에 번졌던 어떤 신비로운 감각을 또렷하게 기억합니다. 달뜬 설렘이 기분 좋게 부풀어 올랐던, 만져질 듯 둥글고 노글노글한 마음이었어요. '동글동글'이라 읽으니 정말 마음이 동그래지는구나. '콩콩' 가슴 설렌다고 읽으니 마음이 정말 콩닥콩닥 뛰는구나. 여덟 살의 아이는 한동안 동글동글, 콩콩 같은 단어들을 천진하게 웅얼거렸어요.

아마 그 무렵부터였을 거예요. 단어들을 나직하게 우물거리는 습관이 시작된 게 말이에요. 어른이 되어서도 단어들을 남몰래 입안에서 굴리곤 했어요. 입안 가득 사탕을 녹여 먹듯 단어들을 오물거립니다. 그 단어들은 떨고 있는 제 등 뒤에서 담요를 덮어 주기도 했고, 끝 모르게 달아나 버린 마음에는 밝은 곳으로 가 보자고 손을 잡아 주기도 했어요. 초여름 여린 잎들이 바람결에 스치는 소리를 들으며 '사락사락' 하고 중얼거리다 뭉클해진 어느 날의 마음도 기억합니다. '사락사락'이란 단어 하나에 보지 못한 여린 잎이, 느끼지 못한 바람결이, 잊고 지낸 저 자신이 다시 살아난 것만 같았어요. 우리가 모두 지금, 여기 있었다고요. 감춰진 세계가 환하게 열리는 선물 같은 순간들이었습니다.

우리들의 세계 속에는 얼마나 눈부시게 투명한 감각과 감정과 움직임이 있을까요? 우리는 얼마나 많은 것을 없는 마음처럼 무심코 지나쳐 왔을까요? 어떤 언어가, 단어들이 내 세계를 열어 줄 수 있을까요?

이 질문에 답을 찾으려면 유용한 단어 목록에서 출발하는 대신, 삶의 장면과 장면에서 단어들을 발견해 가야겠다고 생각했습니다. 무턱대고 제 개인적 삶의 이야기를 쓰기 시작한 것도 그 때문이었어요. 보통의 날에 숨겨진 단어들을 찾아내 보자고, 삶과 유리

되지 않은 또렷하고 생기 있는 단어들을 책에 실어야겠다고 마음먹었어요. 비록 제 개인적인 이야기에서 출발했지만, '한글'이라는 같은 언어를 사용하는 '우리'가 보고 듣고 맛보고 냄새 맡으며 따듯함과 설렘, 공허와 슬픔을 느끼는 순간에는 어떤 보편적 감각과 감정이 있으리라 믿으면서요. 우리가 통과해 온 다정하고도 시렸던 순간, 사소해서 놓쳐 버린 삶의 장면 속에는 어떤 단어들이 숨 쉬고 있었을까요.

여기까지 읽어 주신 여러분이라면, 우리가 매일 마주한 단어들을 궁금해하지 않을까 조심스러운 기대를 품습니다. 그런데 이쯤에서 고백할 말이 있어요. 눈치채셨을지 모르지만, 사실 이 책에 소개된 단어들은 모두 순우리말입니다. 서문 시작에서부터 자신 있게 말하지 못하고 망설이고 있었던 건 '순우리말'이라는 말 앞에서 우리가 느끼는 어떤 거리감 때문이었어요. 순우리말은 어쩐지 세련된 맛이 없는 것 같고, 특별한 사람들만 꺼내 볼 것 같고, 예쁘긴 하지만 내가 쓸 일은 없을 것 같으니까요.

그럼에도 용기 내어 이야기를 이어가 볼까 합니다. 줄임말, 신조어, 외래어 등이 널리 퍼지고 있는 요즘, 순우리말이 그 거리감을 넘어 얼마나 선명하고 감각적으로 세계를 그려 내는지 여러분과 찬찬히 들여다보고 싶습니다. 제 삶 곳곳을 스쳐 간 순우리말의 생명력과 온기가 여러분에게도 가 닿을 거라는 바람과 함께요.

책을 읽는 동안 때로는 눈부시게 명랑한 순우리말이, 때로는 시리게 아릿한 순우리말들이 여러분의 마음에 환한 불을 밝히려고 할 거예요. 우리에게 이렇게 소중한 순간이, 뚜렷한 감각이, 충일한 마음들이 있었다고 속삭이면서요.

이제 여러분만의 오롯한 세계가 열리기 시작했어요. 다정하게 안녕을 묻는 말들이 여기, 여러분을 가만가만 기다리고 있어요. 우리가 사랑해 왔던 단어들이, 우리가 앞으로 사랑하게 될 단어들이 여러분의 세계를 활짝 열어 주려 이곳에서 기다리고 있어요.

아무도 모르게, 여러분만의 단어를 웅얼거려 보세요.
오늘의 기쁨과 슬픔의 빛이 하나둘 켜지며 여러분의 세계를 환하게 밝혀줄 거예요.

차례

추천의 글 ✳ 004
프롤로그 ✳ 006

01 ● 소멸의 풍경 ✳ 018

기억을 부르는 순우리말: 감치다 · 낯알다 · 아로새기다 · 아렴풋하다 · 아령칙하다 · 되살아오다 · 옹송망송하다 · 파뜩하다

02 ● 찬란한 내 밑줄의 역사 ✳ 026

성격을 부르는 순우리말: 드레 · 몬존하다 · 자분자분하다 · 덜룽스럽다 · 새실떨다 · 걱실걱실하다 · 너울가지 · 트레바리 · 웅숭깊다

03 ● 사랑하는 소리들의 목록 ✳ 038

소리를 부르는 순우리말: 도손도손 · 지절대다 · 사박사박하다 · 보삭하다 · 웅글다 · 따따부따 · 새되다 · 새청맞다 · 쉬지근하다 · 게목

04 ● 예민함과 예민하지 않음　　　＊ 048

감각을 부르는 순우리말: 몽니 • 어련무던하다 • 재갈하다 • 까끄름하다 • 사물거리다 • 트적지근하다 • 일쩝다 • 심살내리다

05 ● 우리 다시 만나, 어느 좋은 곳에서　　　＊ 058

흩어짐과 모임을 부르는 순우리말: 그러모으다 • 욱여들다 • 오불오불 • 바서지다 • 왜그르르하다 • 흐슬부슬하다 • 겅성드뭇

06 ● 어느 날 우리는 이 순간을 몹시도 그리워하겠지　＊ 066

사랑을 부르는 순우리말: 한올지다 • 알천같다 • 애만지다 • 곰살스럽다 • 굄 • 흐놀다 • 옴살 • 넨다하다 • 도탑다 • 구순하다

07 ● 그에게 남은 작고 작은 말의 흔적　　　＊ 073

사라짐을 부르는 순우리말: 눈석임 • 석다 • 사위다 • 새들하다 • 시르죽다 • 이울다 • 피뜩하다 • 해실바실하다 • 가뭇없다

08 ● 기다릴 수밖에 없는 그것　　　＊ 082

기대와 실망을 부르는 순우리말: 내밀힘 • 각다분하다 • 은결들다 • 허방 • 장대다 • 도스르다 • 데시근하다 • 에멜무지로

09 ● 내가 도서관을 좋아했던 이유   ✳ **091**

바람, 안개, 노을을 부르는 순우리말: 바람꽃 • 명지바람 • 상크름하다 • 바람결 • 아침뜸 • 잠포록이 • 달안개 • 벗개다 • 이내

10 ● 마음을 전하는 여유   ✳ **101**

시선을 부르는 순우리말: 말긋말긋 • 물끄럼말끄럼 • 희어멀뚱하다 • 되록 • 핼금 • 나비눈 • 눈길다 • 홉뜨다 • 칩떠보다 • 눈씨

11 ● 나도 모르는 사이에 천사를 만날 수도   ✳ **112**

따뜻함과 다정함을 부르는 순우리말: 그느르다 • 다사롭다 • 곰상곰상 • 여낙낙하다 • 오시바시하다 • 굼슬겁다 • 누그럽다 • 부드레하다

12 ● 아무것도 하지 않는 법   ✳ **121**

눈을 부르는 순우리말 : 포슬눈 • 풋눈 • 가루눈 • 살눈 • 도둑눈 • 묵은눈 • 눈설레 • 푸설푸설 • 구질다 • 머츰하다

13 ● 평생 한 가지 음식만 먹을 수 있다면   ✳ **130**

맛을 부르는 순우리말: 알근달근하다 • 달보드레하다 • 달곰새금하다 • 건건하다 • 매움하다 • 새그무레하다 • 구뜰하다 • 안다미로 • 구쁘다

14 ● 밤의 사색 ✳ **139**

잠을 부르는 순우리말: 사로잠 • 어리어리하다 • 겉잠 • 고상고상하다 • 토끼잠 • 두벌잠 • 그루잠 • 건밤 • 등걸잠 • 귀잠 • 나비잠

15 ● 빛이 내닫는 걸음걸음 ✳ **147**

햇살과 맑음을 부르는 순우리말: 볕뉘 • 갓밝이 • 희붐하다 • 동살 • 햇귀 • 여우볕 • 햇덧 • 빛기둥 • 어룽어룽하다 • 괭하다

16 ● 어른이라는 더께가 내려앉기 전에 ✳ **156**

웃음을 부르는 순우리말: 상그레하다 • 앙실방실하다 • 볼웃음 • 해죽하다 • 뭇웃음 • 해들해들하다 • 캐들캐들하다 • 선웃음

17 ● 괜찮아, 좀 울어도 괜찮아 ✳ **164**

울음을 부르는 순우리말: 속울음 • 앙앙하다 • 겉울음 • 강울음 • 들이울다 • 우네부네 • 애고지고 • 흐렁흐렁 • 늘키다 • 목울음

18 ● 내게 남은 작은 것에 대한 찬양 ✳ **170**

작은 것을 부르는 순우리말: 오보록하다 • 다보록하다 • 오불오불 • 올몽졸몽 • 앙당하다 • 잔질다 • 옴니암니 • 자차분하다 • 데데하다

19 ● 우리 동네 백반집 ✳ 180

어수선함과 깨끗함을 부르는 순우리말: 허저분하다 • 에넘느레하다 • 워그르르하다 • 알라꿍달라꿍하다 • 구저분하다 • 깨끔하다 • 해끔하다

20 ● 너는 아주 똘똘한 그런 아이였단다 ✳ 189

움직임을 부르는 순우리말: 옹송그리다 • 무르춤하다 • 노량으로 • 느럭느럭하다 • 둥싯거리다 • 걸싸다 • 자늑자늑하다 • 지분지분

21 ● 진실 혹은 거짓, 우린 서로를 어디까지 알 수 있을까 ✳ 199

말을 부르는 순우리말: 으밀아밀 • 초들다 • 말재기 • 뒤대다 • 중중거리다 • 곁말하다 • 너나들이 • 말전주하다 • 단골말 • 먼뎃말 • 신소리

22 ● 7년의 기다림, 매미의 꿈 ✳ 210

애씀과 애쓰지 않음을 부르는 순우리말: 잔드근히 • 지멸있다 • 굴침스럽다 • 애면글면하다 • 승겁들다 • 반둥건둥 • 거춤거춤 • 휘뚜루마뚜루

23 ● 우향우 좌향좌가 그렇게 중요한 것이었을까 ✳ 221

걸음을 부르는 순우리말: 허정허정 • 저춤거리다 • 파근파근하다 • 발밤발밤하다 • 바람만바람만 • 겻디디다 • 욱걷다 • 건정건정 • 잔달음

24 ● 불안　　　　　　　　　　　　　　※ 231

불안과 흡족함을 부르는 순우리말: 조릿조릿하다 • 조마롭다 • 자글거리다 • 저어되다 • 대끼다 • 소마소마하다 • 오달지다 • 하뭇하다

25 ● 나의 관객　　　　　　　　　　　※ 239

표정을 부르는 순우리말: 얼굴빛 • 뚝뚝이 • 실뚱머룩하다 • 새무룩이 • 시쁘둥하다 • 볼먹다 • 시치름하다 • 발발하다 • 홈홈하다

26 ● 슬픔의 위로　　　　　　　　　　※ 248

슬픔과 쓸쓸함을 부르는 순우리말: 허우룩하다 • 느껍다 • 울가망하다 • 호젓하다 • 허수하다 • 휘영하다 • 자란자란 • 온새로미

27 ● 우리들은 언제고 다시 괜찮아질 거야　　※ 257

봄을 부르는 순우리말: 꽃멀미 • 봄머리 • 따지기 • 잔풀나기 • 봄뜻 • 소소리바람 • 꽃비 • 꽃보라 • 볕바르다 • 벙글다

28 ● 빛이 난 곳을 따라 걸어갈게요　　　※ 265

제가 좋아하는 순우리말은요: 소롯이 • 마음새 • 마음자리 • 보짱 • 돋되다 • 도두보다 • 내풀로 • 한결같다 • 또바기 • 소롯이 • 오롯하다 • 아람

오늘의 기쁨과 슬픔에 빛을 밝히는
다정하고도 명랑한 순우리말의 세계에
오신 것을 환영합니다.

01 ● 소멸의 풍경

감치다
어떤 사람이나 일, 느낌 따위가 눈앞이나 마음속에서
사라지지 않고 계속 감돌다

그해 겨울은 집 앞 도로 공사가 한창이었다. 보도블록이 차례로 거둬지고 공사 차량이 바쁘게 오갔다. 새 보도블록이 도로를 차곡차곡 다시 메꿀 때쯤, 우리 집 앞 3층짜리 건물의 1층 칠성슈퍼 간판이 떼어졌다. 그로부터 며칠 뒤, 하루 만에 떼어진 간판만큼이나 사뿐하게 슈퍼 내부도 말끔히 비워졌다.

　내가 처음으로 칠성슈퍼를 찾아간 날은 이사하고 얼마 되지 않은 늦봄 어느 밤이었다. 잘그랑 슈퍼 문을 밀자, 오랜 시간 겹겹이 쌓인 플라스틱 포장지 냄새와 옅은 사탕 냄새가 코끝으로 훅 밀려들었다. 칠성슈퍼는 이름에서 짐작할 수 있듯 보기 좋게 배열된 도시의 여느 슈퍼들과는 거리가 먼 곳이었다.

　나는 진열대 사이로 난 좁다란 길을 따라 어렵사리 과자 몇 개를 고른 뒤 냉장고에서 맥주 두어 캔을 꺼내 들었다. 동네 사람이 아니면 들를 일이 없는 이곳에, 처음 보는 여자가 물건을 찾아 진열대 통로를 기웃거리는 모습은 긴 하루 끝에 선 주인아주머니에게 흥미로웠던 모양이었다. 힐끔힐끔 쳐다보는 아주머니의 시선이 부담스러워진 나는 서둘러 과자와 맥주를 계산대 위에 올려놓았다. 아주머니는 기다렸다는 듯 한 치의 망설임도 없이 계산기를 눌렀다.

아주머니의 기억력이 바코드를 대신하는 곳이군. 저 가격이 맞기나 한 건가. 미리 맥주 안 사 놓은 내 잘못. 나는 고시랑고시랑• 머릿속 말을 뇌며 슈퍼를 나왔다.

그러나 두 번째 방문은 그리 멀지 않은 어느 날에 이어졌다. 그날은 아이를 데리고서였다. 아이는 칠성슈퍼에는 진귀한 사탕들이 많다는 이야기를 친구들에게서 들었다 했다. 그곳을 방문하고야 말겠다는 사뭇 결연한 아이의 표정에 나는 하는 수 없이 칠성슈퍼의 문을 다시 열어야 했다. 아이가 들은 이야기는 헛소문이 아니었다. 여섯 살의 내가 먹던 눈깔사탕이, 학교 앞 문방구 아저씨가 공책 사고 나면 끼워 주던 별사탕이, 언니들과 나눠 먹던 신호등 사탕이 오랜 시간을 건너와 그곳에 버젓이 진열돼 있었다.

그다음부터는 내가 그곳을 왜 방문했는지 딱히 기억나지 않는다. 어쨌거나 두 번째 방문 이후로 나는 종종 칠성슈퍼를 들러 이

• **고시랑고시랑** 못마땅하여 군소리를 자꾸 좀스럽게 하는 모양.

것저것을 샀던 것으로 기억한다. 괜히 사탕 진열대를 지나치며 달보드레한* 사탕 냄새를 킁킁거리면서. 들숨에 달려온 옅은 사과 향에 어김없이 불려 오는 내 어린 날을 뒤적일 수 있는 슈퍼에서의 시간을 나는 좋아했다.

이제 칠성슈퍼는 편의점으로 바뀌었다. 칠성슈퍼가 사라지고서야 아주머니가 한여름을 제외하고는 늘 전기장판을 켜 놓은 채 계산대 옆 평상에 비스듬히 누워 계셨다는 걸 새삼스레 깨달았다. 짤그랑하고 손님이 들어서면 아주머니는 부스스하게 일어나 앉으며 겸연쩍은 미소를 지어 보였다. 주로 누워 계셨지만 아주머니가 태만하다거나 친절하지 않다고 느낀 적은 없었다. 손님이 올 때마다 아주머니 얼굴에 옅게 번지는 반가움 때문이었을지도 모른다.

아주머니는 나를 낯알고 난 이후로 이것저것 물어보셨다. 이 동네로 이사를 온 거냐 물어보셨고, 아이가 엄마를 많이 닮았다고도 하셨다. 어느 날은 퇴근이 늦었나 보다고 했고, 또 어느 날은 바람이 참 좋은 날이라며 말을 걸어 주셨다. 녹초가 된 몸을 겨우 끌고 슈퍼를 찾아간 어느 밤은 아주머니의 관심이 귀찮았고, 말이란 걸 꺼내는 순간 눈물이 질서 없이 쏟아져 내릴 거란 마음속 주의보가 울렸던 어느 날은 부러 고개를 떨구고 서둘러 슈퍼를 나오기도 했다.

칠성슈퍼 자리에 들어선 편의점 아르바이트생은 당연하게도 내게 아무런 질문을 하지 않는다. 아주머니의 가늘고 다정한 목소리

• **달보드레하다** 약간 달큼하다.

는 이제 바코드 찍는 소리가 대신한다. 마음을 들킬까 조바심 낼 필요도, 대답할 필요도 없어 홀가분해진 마음의 자리에 아주머니가 자주 떠오른다. 사과 향 사탕에 어린 날의 기억을 불러 보던 날들이, 아주머니가 건네준 다정한 온기의 공간이 이제 와 마음 구석구석 **감쳐서겠지.**

장소가 사라진다는 것은 슬픈 일이다. 기억이 더해진 곳이었다면 더더욱 그렇다. 칠성슈퍼에는 대체 왜 '칠성'이란 이름을 붙였던 걸까. 나는 그게 왜 이제야 궁금해졌을까. 어쨌거나 나는 그 이유를 영영 알 길이 없어졌다.

'감치다'는 음식 맛이 맛깔스러워
계속 먹고 싶다는 뜻도 갖고 있다.
사라지지 않고
계속 혀끝에 남는 감칠맛과 같은 기억,
기억이 마음속을 긴 시간 동안 감도는 것을
'감치다'라고 한다.
그렇게 아주머니는 오래도록 내게 감쳤었다.

기억을 부르는 순우리말

　칠성슈퍼가 사라진 후로 나는 꽤 오래도록 아주머니를 떠올렸다. 유독 긴 시간 기억에 남는 사람이나 일, 감정이 있다. 마음속에서 사라지지 않고 어떤 사람이나 일에 대한 기억이 계속 맴돌 때 '**감치다**'라는 순우리말을 쓸 수 있다. '**감치다**'는 음식 맛이 맛깔스러워 계속 먹고 싶다는 뜻도 갖고 있다. 사라지지 않고 계속 혀끝에 남는 감칠맛과 같은 기억이 마음속을 내내 감도는 것을 '감치다'라고 한다. 그렇게 아주머니는 오래도록 내게 감쳤었다.

　슈퍼 아주머니가 내게 이런저런 질문을 했던 건 내 얼굴을 기억하면서부터였다. 얼굴을 기억하고 알아볼 때 쓸 수 있는 순우리말에는 '**낯알다**'가 있다. 낯알고 인사를 주고받고 사소한 이야기를 건네는 일은 삶의 크고 작은 기쁨이 되기도 한다.

　나는 얼마나 오래도록 칠성슈퍼를 기억할 수 있을까. 슈퍼에 관한 이야기를 이렇게 책에 남기기까지 했으니 앞으로 잊을 일은 없을 것 같다. 마음속에 또렷하게 기억해 두는 것을 이르는 순우리말이 있다. '**아로새기다**'이다.

　그러나 아무리 마음속 깊이 아로새겨 놓아도 기억은 뭉개지고 흐려져 잊히기 쉽다. 기억이나 생각이 또렷하지 않고 흐릿해져 버렸을 때 우리는 어떤 말로 표현할 수 있을까? 그때는 '**아렴풋하다**'를 쓰면 된다. 기억이란 건 시간이 덧대어질 때마다 아렴풋해지기 마련이다.

그렇다면 떠오를 듯하면서도 떠오르지 않는 기억은 뭐라고 표현하면 좋을까? '**상막하다**'로 말하면 된다. '몇 년간 못 만나고 지내다 보니 이제 얼굴을 떠올리려고 해도 상막하기만 하다'라는 문장으로 써 볼 수 있겠다.

또렷하지 않은 기억을 표현하는 순우리말이 또 있다. '**아령칙하다**'이다. '너무 오래전 일이라 무슨 일이 있었는지 아령칙하다'와 같은 문장에서 쓰면 된다.

흐릿해졌다고 해서 기억이 온전히 사라진 것은 아니다. 슈퍼에서 사과 향을 맡고 까마득하게 잊고 지냈던 내 어린 날이 불려 나온 것처럼, 기억은 예상할 수 없는 시간과 공간에서 불쑥 우리 앞에 나타난다. 잊혔던 생각이나 기억이 다시 떠오를 때 우리는 '**되살아오다**'를 쓴다. 또 기억은 온전한 모습으로 떠오르지 않고 숭덩숭덩 여기저기 잘린 채로 등장할 때가 많다. 상황이 뒤숭숭해서 생각이나 기억이 잘 떠오르지 않을 때는 '**옹송망송하다**', '**옹송옹송하다**'라고 표현한다. 이 두 단어는 정신이 흐릿해 어떤 생각이 났다 말았다 할 때도 쓴다. 한편 잊었다고 여겼던 생각이나 기억이 어떤 순간에 갑자기 떠오를 때가 있다. 그럴 때는 '**파뜩하다**' 또는 '**퍼뜩하다**'라고 한다.

많은 것들이 빠르게 생겨났다 사라진다. 오래 자리하던 것들이 사라지는 모습을 보는 건 쓸쓸한 일이다. 소멸해 가는 풍경들에 허전하고 서운한 마음이 드는 건 어쩔 수 없다.

감치다 동 어떤 사람이나 일, 느낌 따위가 눈앞이나 마음속에서 사라지지 않고 계속 감돌다.

낯알다 동 얼굴을 기억하고 알아보다.

아로새기다 동 마음속에 또렷이 기억하여 두다.

아렴풋하다 형 기억이나 생각 따위가 또렷하지 않고 흐릿하다.

상막하다 형 기억이 분명하지 않고 아리송하다.

아령칙하다 형 기억이나 형상 따위가 긴가민가하여 또렷하지 아니하다.

되살아오다 동 잊혔던 생각이나 기억이 다시 떠오르다.

옹송망송하다 동 뒤숭숭하게 생각이 잘 떠오르지 아니하다. 형 정신이 흐리어 생각이 잘 떠오르지 않고 흐리멍덩하다.

옹송옹송하다 형 정신이 흐리어 생각이 잘 떠오르지 않고 흐리멍덩하다.

파뜩하다/퍼뜩하다 동 어떤 생각이 순간적으로 갑자기 떠오르다.

02 ● 찬란한 내 밑줄의 역사

드레
인격적으로 점잖은 무게

나는 밑줄을 그어 가며 책을 읽는다. 밑줄을 긋는 데 필요한 장비는 검은색 잉크가 넉넉히 나오는 0.7mm짜리 젤 볼펜. 책을 읽을 때면 나는 언제나 볼펜을 쥔 손에 힘을 주고 눈에 들어온 문장에 선을 죽 긋는다. 밑줄은 문장 아래로 꼿꼿이 지나가며 곧장 옴쏙한* 길을 낸다. 앞 장에서 둥글게 패였던 밑줄은 다음 장에선 볼록하게 부풀어 올라 있다. 잊힐세라 다시 존재감을 드러내겠다는 듯. 앞뒤로 올록볼록하게 솟아오른 밑줄의 움직임들은 내 시선과 마음이 머물다가 간 자리를 고스란히 박제해 둔다.

    내 마음을 빼앗아 간 책들에는 검은색 펜이 지나간 자리가 빽빽한 숲처럼 들어서 있다. 문장을 향한 나의 애정을 가시적으로 보여 주기 위해 밑줄을 긋지만, 밑줄만으론 충분치 않다 싶을 때도 있

● **옴쏙하다** 물체의 바닥이나 면이 오목하게 쏙 들어간 데가 있다.

다. 그럴 땐 페이지 아래 귀퉁이를 작은 세모로 접어 둔다. 밑줄로 올통볼통해지고 세모로 귀 접힌 낱낱의 장들 사이에 어떤 양감이 느껴지고, 그 공간 속에는 책에서 얻은 공감과 위안, 깨우침 같은 것들이 영글고* 있다.

나의 밑줄은 주로 마음에 새겨 두고 싶은 문장, 나를 움직인 문장들에 그어지므로 책의 중심 내용에서 빗겨 난 것들도 많다. 뭉개져 있던 내 감정을 가뿐하게 문자로 조합해 낸 문장 아래 질투감을 담아 그은 밑줄들. 결단코 해결될 수 없으리라 낙담했던 내 오랜 멍울들이 어쩌면 옅어질 수도 있겠단 작은 희망을 품게 하는 문장들. 나와 닮은 은밀한 이야기가 담긴 문장들에 화들짝 놀라며 밑줄을 긋고 또 긋는다.

마지막 장까지 그어진 밑줄로 몸집을 한껏 부풀리고 나면 책들은 책장에 비스듬히 기대서 고요한 휴식을 취한다. 그러다 어느 날 불려 나와 휘리릭 페이지가 넘겨지기도 하는데, 그럴 때면 밑줄들은 플립북 속 그림들처럼 허정허정* 걸어 나온다.

오랜만에 불려 나온 밑줄 친 문장들에는 오래전 내 모습이 묻어 있다. 머릿속 생각들은 수시로 변해 거짓말쟁이가 되기 일쑤지만, 책 속에 그어 놓은 밑줄은 정직하다. 나는 그때 왜 이런 문장에 밑줄을 그었을까. 그 시간의 나는 조용했고 말이 없었고 힘들었구나, 나는 그런 사람이 되고 싶었구나, 그런 마음이었구나, 하고 오래전 나를 고요하게 만난다.

- **영글다** 과실이나 곡식 따위가 알이 들어 딴딴하게 잘 익다. 빛이나 자연 현상이 짙어지거나 왕성해져서 제 특성을 다 드러내다.
- **허정허정** 다리에 힘이 없어 잘 걷지 못하고 자꾸 비틀거리는 모양.

오늘의 내가 긋는 밑줄과 어제의 내가 그은 밑줄은 다르다. 미세하게 달라지는 내 마음들이 밑줄에는 꾸밈없이 드러난다. 밑줄에서 배어 나오는 오래전 내 마음이 낯설고 부끄러워질 때가 있지만 괜찮다. 앞선 문장과 다음 문장 사이를 건너며 밑줄이 늘어갈수록 나는 조금 더 나은 사람이, 드레 있는 아름다운 사람이 되어 가고 있을 테니까. 그 사실은 변함이 없을 테니 괜찮다.

오랜만에 불려 나온 밑줄 친 문장들에는
오래전 내 모습이 묻어 있다.
나는 그때 왜 이런 문장에 밑줄을 그었을까.
그 시간의 나는 조용했고 말이 없었고 힘들었구나,
나는 그런 사람이 되고 싶었구나,
그런 마음이었구나, 하고
오래전 나를 고요하게 만난다.

성격을 부르는 순우리말

우리는 어떤 사람이었고, 어떤 사람이며, 어떤 사람이 되고 싶을까? 이 질문에 답하기 위해서 먼저 '개인이 가지고 있는 고유의 성질이나 품성'이라는 사전적 정의를 가진 단어 '성격'을 톺아보는 게 좋겠다.

같은 성격을 가진 사람이 존재하기나 할까? 사람들의 성격을 제대로 표현하려면 모두가 제각각 다른 성격 단어를 가져야 할 것이다. 그럼에도 성격을 말할 때 우리가 사용하는 단어는 허술하고 빈약하다. 조용하고, 활발하고, 밝고, 어둡고, 좋고, 나쁘고…… 이외의 단어가 쉬이 떠오르지 않는다. 이렇게 단선적으로 나의 성격을 말할 수는 없지 않은가. 성격을 표현할 수 있는 순우리말을 살펴봐야 하는 이유가 여기 있다.

일단 내 성격을 톺아보자면 과거의 나는 소심하고 조용했다. '과거의 나는'이라고 말한 데서 짐작할 수 있겠지만, 현재의 나는 과거에 비해 겁이 없어졌고 대범해졌고 말이 많아졌다. 그렇다고 말 없고 수줍고 조용하던 지난날의 내가 완전히 사라진 건 아니다. 일주일에 하루 이틀쯤은 방구석에 틀어박혀 가만가만하게 있어야 남은 한 주를 건강히 보낼 수 있는 걸 보면. 아직 내게 남은 조용하고 차분한 성격을 알아봐야겠다.

먼저 **'가만가만하다'**라는 단어를 보자. 이 단어는 '움직임이 드러나지 않도록 조용조용하다'라는 뜻이다. **'가만하다'**도 있는데, 이는 움직이지 않거나 아무 말도 하지 않는 상태를 이른다. 흔히 '죽은 듯이 가만하고 있다', '그는 무슨 일이 있건 가만하고 있다'처럼 '-고 있다'의 형태로 쓴다.

어떤 일이 있어도 부산떨지 않고 차분한 사람도 있다. 물건이 가지런히 차곡차곡 쌓인 것만 같은 마음이다. 이런 상태를 두고 우리는 '찹찹하다'라고 말한다. **'찹찹하다'**는 마음이 들뜨지 않고 차분한 상태를 말한다. '들숨과 날숨에 조용히 집중하고 있다 보면 마음이 찹찹해진다'와 같이 쓰면 된다. 한편 경남 지방에서는 '찹찹하다'를 차가운 느낌이 들 때 쓰기도 한다. '찹찹하다'는 '착잡하다'와 쉽게 혼돈될 수도 있는데, '착잡(錯雜)하다'는 엇갈리고 어수선한 마음의 상태를 뜻하는 한자어다.

차분한 성격을 이르는 또 다른 표현으로는 **'찬찬하다'**가 있다. 무슨 일을 하건 꼼꼼하고 차분한 사람을 표현할 때 쓸 수 있다. **'몬존하다'**라는 순우리말도 있는데, 이 역시 차분하다는 뜻이다. 그러나 '몬존하다'는 사람의 얼굴이나 모습이 초라할 때도 쓰인다.

성질이나 태도가 부드럽고 조용하며 찬찬하다는 뜻의 **'자분자분하다'**, **'저분저분하다'**도 알아 두자. '자분자분하다'보다 거센 느낌을 주는 형용사가 우리가 흔히 아는 '차분차분하다'라는 것을 알면 '자분자분하다'를 기억하기 더 쉬울 것 같다.

차분함은 대체로 긍정적인 의미로 쓰인다. 하지만 주변을 돌아보면 차분하지만 지나치게 곧고 고지식해서 상황을 불편하게 만드는 사람도 있다. 이런 성격의 사람을 표현할 때 쓰는 순우리말에는 **'꼭하다'**가 있다. '그 사람 꼭한 성격을 모르는 건 아니지만 이렇게까지 잘잘못을 따져야 하는 건지 모르겠다'라고 쓰면 된다.

　성질이 너무 올곧아 융통성마저 잃은 성격도 있다. 이런 성격에 꼭 들어맞는 순우리말은 **'무양무양하다'**이다. 작은 실수에도 빡빡하게 구는 사람이 있는데, 이때 '빡빡하다' 대신 '무양무양하다'를 써도 좋겠다.

　차분하지 않은 성격을 이르는 표현도 다양하다. 성미가 찬찬하지 않은 데가 있다는 뜻을 나타내는 순우리말에는 **'덜룽스럽다'**가 있다. '덜렁대다', '덜렁거리다'와 유사한 말이다. 차분하지 않은 성격의 사람들은 말이나 행동이 부산스럽고 작은 일에도 수선을 부릴 때가 많다. 실없이 수선을 부리는 행동을 뜻하는 동사 **'새살떨다'**와 **'새실떨다'**, 차분하지 못해 행동이 부산스러운 상태를 이르는 형용사 **'시설궂다'**, **'시설맞다'**, 부사 **'시설스레'** 등이 있다.

　조심성 없고 경박하게 촐랑대는 모습을 흉내 낸 말 **'지망지망'**도 기억해 두자. 차분하지 못하고 부산스러우면 아무래도 말이나 행동이 조심성이 없고 가벼울 것이다. 이럴 때 쓸 수 있는 순우리말로 **'되양되양하다'**가 있다.

　한편 말과 행동이 가벼우면 경솔해지게 마련이다. 경솔한 말을 쉽게 내뱉는 사람은 **'소락소락하다'**라고 표현하면 되겠다. 여기서 더 나아가 마구 떠들면서 거칠게 행동하는 사람도 있다. 그럴 땐 **'덜덜하다'**라는 단어를 쓴다.

　행동이나 말에 무게가 없고 경거망동 가볍게 행동하고 말하는 사람이 있다. 진지한 질문에도 별생각 없이 아무 말이나 다소 장난스럽게 내뱉는 사람을 두고 뭐라고 표현할 수 있을까? **'허룽거리다'**라고 한다. '앞으로의 계획을 물었지만 그는 허룽거리며 엉뚱한 대답을 했다'라고 쓸 수 있다. 말이나 행동이 지나치게 가벼워 경망스럽다고 여겨질 정도라면 **'오도깝스럽다'**를 쓴다.

이번에는 활발한 성격을 표현하는 순우리말을 알아보도록 하자. 나는 줄곧 시원시원한 성격을 가진 사람들을 오래도록 동경해 왔다. 성격이 활달하고 너그러워 말과 행동을 시원시원하게 하는 사람을 이르는 말에는 무엇이 있을까? **'걱실걱실하다'**가 있다. '걱실'이라는 글자는 모양만으로도 움직임이 시원하고 서글서글해 보인다. 걱실걱실한 사람은 붙임성도 좋고 너그러워 누구와도 잘 어울릴 것 같다.

남과 잘 사귀는 능력을 우리는 **'너울가지'**라고 표현한다. '너울가지'는 명사이므로 '너울가지가 있다', '그 사람의 너울가지가 부럽다'처럼 쓸 수 있다. 활발한 사람들은 대체로 씩씩하고 쾌활하고 경쾌함을 갖고 있다. 이 같은 특징을 표현해 줄 수 있는 말에는 '수럭스럽다'가 있다. **'수럭스럽다'**는 말이나 행동이 씩씩하고 시원시원한 데가 있다는 뜻이다.

성품이 상냥하고 시원스럽다는 뜻의 **'서근서근하다'**라는 말도 있다. 어쩐지 경쾌한 활발함이 연상되는 단어다. 더불어 성격이 꽤 상냥하다는 뜻으로 **'낫낫하다'**도 알아 두면 좋겠다. 너그럽고 활달한 사람을 이르는 **'늡늡하다'**라는 순우리말도 있다.

앞서 나의 성격을 언급하며 과거에 비해 대범해졌다고 했는데, 대범함을 뜻하는 순우리말에는 어떤 단어가 있을까? 활발하고 융통성이 있는 데다 대범하다는 뜻의 **'협협하다'**를 기억해 두자. 이와 더불어 성질이 굳세고 활발하다는 뜻의 **'씨억씨억하다'**도 있다. 성격이 다소 굳고 무뚝뚝한 사람을 표현하는 말에는 **'걱세다'**라는 표현이 있다. 여기에 급한 성미가 더해지면 **'괄괄하다'**라고 말한다.

성격이 까다롭고 별난 사람은 어떤 단어로 설명할 수 있을까? 성격이 까다롭다 못해 괴팍한 데까지 이른 사람은 **'강팔지다'** 또는 **'강파르다'**라고 말한다. 지나치게 까다로운 성미를 지닌 사람은 어쩐지 너그럽지 못할 것 같다. 성미가 너그럽지 못하고 까다로운 사람은 **'돈바르다'**라고 한다. '그는 성격이 돈발라 주변에 사람이 없다'라고 쓸 수 있다.

너그럽지 못한 성품에 생각도 좁은 사람은 어떨까? 이런 사람은 **'옹하다'**라고 한다. 마음의 모양이 어쩐지 오종종할 것 같은 사람, 쉽게 꽁해지는 사람이다. 별다른 이유도 없으면서 남의 말에 일단 반대부터 하고 보는 사람을 이르는 말 **'트레바리'**도 알아 두면 좋겠다.

나이가 들수록 넉넉하고 깊은 사람에 대한 열망이 커지는 것 같다. 인색하고 치사한, **쫀쫀하고 짯짯한** 사람이 되지 않도록, 고집스럽게 **여든대는** 어른이 되지 않기를 바라는 마음이 점점 커진다. 나의 바람과 같이 너그럽고 깊이 있는 사람을 표현하는 순우리말은 비교적 다양하다.

너그러운 사람이 되려면 무엇보다 성질이나 태도가 부드러워야 할 것이다. 이런 성질을 표현하는 단어로 **'노글노글하다'**가 있다. '노글노글하다'에는 무르고 말랑말랑하고 부드러운 느낌이란 뜻도 들어 있다. 어릴 적 나는 말랑말랑하고 부드러운 고무공을 조물조물하는 걸 좋아했다. 마음이 편안해졌기 때문이다. 말랑말랑한 고무공 같은 사람, 부드러워서 기대고 싶은 사람은 아마도 노글노글한 사람일 것이다.

너그러운 성격에는 느긋한 마음도 필요하겠다. 성질이 부드럽고 느긋한 사람을 두고 **'눅진하다'**라고 말한다. '눅진하다'는 '물기가 약간 있어 눅눅하면서 끈끈하다'라는 뜻도 함께 가진다.

너그러움이 가장 잘 드러나는 상황은 까탈스러운 대상과 함께 있을 때다. 상대가 괴롭히거나 갖은 요구를 해도 너그럽게 잘 받아주는 사람을 말 그대로 **'받자하다'**라는 동사로 표현한다. '받자'는 본래 관아에서 환곡이나 조세를 받아들이던 일을 가리키는 말이었다. 이것이 무리한 요구를 무조건 들어주는 일로 뜻을 넓히게 된 것이다. '그 사람은 매사에 엄격하기 때문에 무조건 받자하는 일은 없을 거다'와 같이 쓰면 된다.

또 너그러운 사람들은 대체로 깊이 있는 사람일 것이다. 생각이나 뜻이 크고 넓은 사람을 **'웅숭깊다'**라고 말한다. 웅숭깊은 사람은 가볍고 경솔한 것과는 거리가 멀다. 웅숭깊은 사람에 이어 진중한 무게가 있는 사람을 표현하는 순우리말을 찾아보자. 사람이 경솔하지 않고 신중할 때 쓰는 말 **'든직하다'**, '가볍지 않고 속이 깊고 차 있다'라는 뜻의 **'듬쑥하다'**가 있다.

믿음이 가는 사람은 또 어떤가. 마음이 굳건하고 확실해 믿음직스러운 사람에게 **'구덥다'**라는 단어를 쓸 수 있다. 믿음직스럽다는 표현의 또 다른 순우리말 **'미쁘다'**도 알아 두면 좋겠다.

사람의 성격은 순간과 순간이 모이고 쌓여 크고 작은 변화를 이어 나간다. 우리 마음의 모습은 어느 방향으로 나아가고 있을까? 어떤 모양의 곡선을 그려 나가고 있는 걸까? 읽고 쓰는 삶을 살아가고 있는 나는, 내가 그은 밑줄이 늘어갈수록 밑줄 아래 덧대진 시간이 두터워질수록 **드레진** 사람이 되어 가길 바랄 뿐이다.

우리말 뜻풀이

가만가만하다 〔형〕 움직임 따위가 드러나지 않도록 조용조용하다.

가만하다 〔형〕 움직이지 않거나 아무 말도 하지 아니한 상태에 있다.

찹찹하다 〔형〕 마음이 들뜨지 아니하고 차분하다.

찬찬하다 〔형〕 성질이나 솜씨, 행동 따위가 꼼꼼하고 차분하다.

몬존하다 〔형〕 성질이 차분하다. 얼굴이나 모습이 위풍 없이 초라하다.

자분자분하다/저분저분하다 〔형〕 성질이나 태도가 부드럽고 조용하며 찬찬하다.

꼭하다 〔형〕 성질이 차분하고 정직하며 고지식하다.

무양무양하다 〔형〕 성격이 너무 고지식하여 융통성이 없다.

덜룽스럽다 〔형〕 성미가 찬찬하고 차분하지 않은 데가 있다.

새살떨다/새실떨다 〔동〕 성질이 차분하지 못하고 가벼워 실없이 수선을 부리다.

시설궂다 〔형〕 성질이 차분하지 못하여 말이나 행동이 매우 부산하다.

시설맞다 〔형〕 성질이 차분하지 못하고 수다스러워 실없이 수선 부리기를 좋아하는 태도가 있다.

시설스레 〔부〕 성질이 차분하지 못하여 말이나 행동이 매우 부산한 데가 있게.

지망지망 〔부〕 조심성 없고 경박하게 촐랑대는 모양.

되양되양하다 〔형〕 말이나 하는 짓이 조심성이 없고 가볍다.

소락소락하다 〔형〕 말이나 행동이 요량 없이 경솔하다.

덜덜하다 〔동〕 사람이 침착하지 못하여 마구 떠들며 거칠게 행동하다.

허룽거리다 〔동〕 말이나 행동을 다부지게 하지 못하고 실없이 자꾸 가볍고 들뜨게 하다.

오도깝스럽다 〔형〕 경망하게 덤비는 태도가 있다.

걱실걱실하다 〔동〕 말과 행동이 활발하다.

너울가지 〔명〕 남과 잘 사귀는 솜씨.

수럭스럽다 [형] 언행이 씩씩하고 쾌활하다.
서근서근하다 [형] 마음이 부드럽고 시원하다.
낫낫하다 [형] 성격이 꽤 상냥하다.
늡늡하다 [형] 속이 너그럽고 활달하다.
헙헙하다 [형] 활발하고 융통성이 있으며 대범하다.
씨억씨억하다 [형] 성질이 굳세고 활발하다.
걱세다 [형] 성질이 굳고 무뚝뚝하다.
괄괄하다 [형] 성질이 세고 급하다.
강팔지다 [형] 성질이 까다롭고 괴팍하다.
강파르다 [형] 성질이 까다롭고 괴팍하다.
돈바르다 [형] 성미가 너그럽지 못하고 까다롭다.
옹하다 [형] 성품이 너그럽지 못하고 생각이 좁다.
트레바리 [명] 이유 없이 남의 말에 반대하기를 좋아하는 사람을 얕잡아 이르는 말.
쫀쫀하다 [형] 인색하고 치사하다. 행동 따위가 잘고 빈틈이 없다.
짯짯하다 [형] 성미가 딱딱하다.
여든대다 [동] 귀찮게 자꾸 억지를 부리다.
노글노글하다 [형] 성질이나 태도가 무르고 보드랍다.
눅진하다 [형] 마음이 느긋하고 끈끈하다.
받자하다 [동] 남이 괴로움을 끼치거나 여러 가지 요구를 하여도 너그럽게 잘 받아주다.
웅숭깊다 [형] 생각이나 뜻이 크고 넓다.
든직하다 [형] 사람의 됨됨이가 경솔하지 않고 묵중하다.
듬쑥하다 [형] 사람됨이 가볍지 않고 속이 깊고 차 있다.
구덥다 [형] 굳건하고 확실하여 아주 미덥다.
미쁘다 [형] 믿음성이 있다.
드레지다 [형] 점잖아서 무게가 있다.
드레 [명] 인격적으로 점잖은 무게.

03 ● 사랑하는 소리들의 목록

도손도손
겨우 알아들을 수 있는 낮은 목소리로 말을 정답게
주고받는 소리

에어컨을 끄고 지낼 만한 날이 되었지만, 가을이 다 끝나 갈 때까지 종일 창문을 열어 놓지 못했다. 여름이 지나고부터 시작된 도로 공사 때문이었다. 더위 네 이놈, 네가 물러나자마자 창문 활짝 열어젖히고 선선한 가을바람 살랑살랑 맞으며 지낼 테다! 이렇게 이 악물고 여름을 견뎌 낸 뒤라 더 억울했다.

　굴삭기가 오가며 땅을 헤집어 내는 소리는 온몸을 가격하는 것 같았다. 도로 공사하는 쪽에서 가장 멀리 떨어진 구석진 방에서 귀마개를 껴 봤다가, 이어폰을 끼고 음악 볼륨을 최대로 키워 봤다가, 이것저것 다 통하지 않은 날엔 집 근처 카페를 전전했다. 그렇게 몇 주를 보내다 기진해진* 어느 날, 나는 뜬금없이 내가 좋아하는 소리의 목록을 써 내려가야겠다고 결심했다. 공사 소리에 짜증으

● **기진(氣盡)하다** 기운이 다하여 힘이 없어지다.

로 대항하며 보낸 가을날이 아깝다는 생각이 문득 들어서였다. 이 가을을 이렇게 보낼 순 없지. 나는 보란 듯 좋은 것들을 떠올렸다.

사늘한* 기운이 조심조심 내려앉은 초가을 깊은 밤 풀벌레 소리. 먹장구름*이 엎질러 버린 빗방울이 투두둑 투박하게 떨어지는 소리. 커피머신에서 신선한 에스프레소가 조르륵 흘러내리는 소리. 정갈하게 몸을 말린 가을 단풍잎이 바람과 사락사락 만나는 소리. 설핏* 든 잠 사이로 가까워졌다 멀어졌다 하는 **도손도손** 목소리. 두툼한 나무 도마를 오가는 능숙한 도마질 소리. 보슬보슬 새하얀 눈을 보드득 뭉쳐 내는 발자국 소리. 장작이 타는 소리와 타닥타닥 타자 치는 소리가 닮았다고 불현듯 깨닫는 순간. 바람에 흔들리는 풍경의 짤그랑 평화로운 소리. 사르륵 책장 넘기는 소리. 밑줄 긋는 연필이 내는 굵직한 저음의 목소리. 아이들이 까르륵 웃는 소리로 채워지는 오후 다섯 시의 놀이터. 이른 새벽 반쯤 열린 창문 틈으로 들려오는 삭삭 비질 소리. 막 놓인 뚝배기가 내는 잔열의 바글바글한 아우성. 달아오른 프라이팬에 몸을 맡긴 신선한 달걀이 기름에 또르르 뛰어다니는 소리. 청신한* 초여름 나뭇잎들이 쏴쏴 한 방향으로 바람 타는 소리. 자동차 깜빡이가 톡탁톡탁 좌회전할 차례를 기다리는 소리. 파도를 피하며 아이가 내는 소리, 꺄르르.

- **사늘하다** 물체의 온도나 기온이 약간 찬 느낌이 있다.
- **먹장구름** 먹빛같이 시꺼먼 구름.
- **설핏** 잠깐 나타나거나 떠오르는 모양. 풋잠이나 얕은 잠에 빠져든 모양.
- **청신(淸新)하다** 맑고 산뜻하다.

내가 사랑하는 소리들의 목록을 백지 위에 세워 두었던 어느 가을날, 백지를 경성드뭇* 채운 까만 문자들이 내가 좋아하는 소리들을 만들어 내고 있었다. 굴삭기 소리가 점차 희미해져 갔다. 소리 없는 문자가 소리를 덮어 낸 건가, 밀어낸 건가. 아니면 이긴 건가. 신기한 일이라 생각했다.

• **경성드뭇** 많은 수효가 듬성듬성 흩어져 있는 모양.

커피머신에서 신선한 에스프레소가
조르륵 흘러내리는 소리.
정갈하게 몸을 말린 가을 단풍잎이
바람과 사락사락 만나는 소리.
밑줄 긋는 연필이 내는 굵직한 저음의 목소리.
청신한 초여름 나뭇잎들이 쏴쏴
한 방향으로 바람 타는 소리.

소리를 부르는 순우리말

　소리를 글로 표현할 때면 새삼 언어의 힘이 대단하단 걸 느낀다. 분명 문자에는 소리가 없는데 소리를 나타내는 단어에는 저마다 뚜렷한 소리가 담겨 있는 것 같아서다. 눈으로만 읽었을 뿐인데 현실적인 소리가 귓가를 스친다. 소리 죽여 비밀스럽게 말해야 할 것 같은 '속삭이다'만 해도 그렇지 않은가. 오므린 입술 사이로 조심스럽게 공기를 굴려 얇고 가늘게 꺼내 놓는 시옷의 소리. '속삭이다'가 가진 조심스러운 느낌을 온전하게 전달한다.

　'속삭이다'처럼 작고 낮은 소리를 표현하는 순우리말에는 어떤 것이 있을까? 작은 목소리로 이야기할 때는 주로 남이 알아듣지 못했으면 하는 마음이 크다. 너와 나만 알았으면 좋겠는 이야기. 그렇다고 중대하거나 심각한 이야기는 아닌, 우리만의 자잘한 이야기를 주고받을 때 **'속살거리다'**를 쓴다. 속살거리는 이야기는 너와 나만 아는 이야기를 할 때가 많으므로 나직하고 정다운 느낌이 든다.
　낮고 정다운 목소리를 표현하는 또 다른 말로 **'도손도손'**도 있다. 동사로는 **'도손도손하다'**, **'도손대다'**라고 한다. 비슷한 말로 우리가 잘 알고 있는

'**도란도란하다**'도 있다. 누구 하나 큰소리 내지 않고 여럿이 낮은 목소리로 조용히 이야기하는 소리를 표현한 부사 '**두런두런**'도 떠올려 보자.

또 낮은 소리로 계속 떠들썩하게 말하는 것을 이르는 순우리말 '**지절대다**'도 있다. 누가 어떤 이야기를 하는지 소리가 뭉쳐져 잘 알아들을 수는 없지만 낮고 큰 목소리로 떠들 때 '지절대다'를 쓴다. 한편 이제 막 학교에 들어간 아이가 또박또박 책을 읽어 내려가는 소리는 어떤가. 거기엔 생기발랄한 설렘이 묻어 있다. 책을 막힘없이 줄줄 읽는 소리를 표현한 말 '**댕글댕글**'도 알아 두자.

이번에는 사물에서 나는 소리를 찾아가 보자. 눈을 밟거나 사과를 씹을 때, 종이 위에 연필로 글을 쓸 때 나는 소리를 표현한 말 '**사각사각**', '**서걱서걱**'이 있다. 이 단어는 본래 '벼, 보리, 밀 따위를 벨 때 나는 소리'를 표현한 말이다. 동사로는 '사각거리다', '서걱거리다'라고 한다. 사각사각 달콤한 사과를 씹고, 서걱서걱 새하얀 눈을 밟는다 생각하면 왠지 기분이 밝아진다. '사각사각'에 담긴 경쾌한 설렘 때문일 것이다.

'사각거리다'와 유사한 단어도 하나 더 알아 두자. '**사박사박하다**'이다. 배나 사과를 가볍게 씹는 소리가 나거나 모래나 눈을 가볍게 밟는 소리가 날 때 쓴다.

사물이 바닥에 부드럽게 쓸리거나 바람이 스치고 갈 때 내는 소리도 있다. 바람결이 나뭇잎을 스치고 가는 소리라거나 치맛자락이 바닥에 닿아 쓸릴 때 나는 소리를 '**사르륵**', '**스르륵**', '**사르륵사르륵**', '**스르륵스르륵**'과 같은 부사로 표현한다. 바람결이 남기고 간 소리는 이처럼 투명하고 부드럽다.

잘 마른 것들이 가볍게 부서질 때 내는 소리도 좋다. '바삭하다'를 흔히들 알고 있는데, 비슷한 어감의 순우리말이 많다. **'보삭하다'**, **'보사삭하다'**, **'포삭하다'**가 그것이다. 가볍게 부스러지는 소리가 난다는 뜻이다. 잘 마른 나뭇잎 밟는 소리를 나타낸 말 **'버석하다'**도 있다. 물기가 적은 것을 씹을 때 내는 소리를 흉내 낸 말 '바작바작'도 알아 둘 법하다. '과자 부스러기를 바작바작 먹었다'와 같이 쓰면 된다. **'바작바작'**은 무언가를 씹을 때 주로 사용하지만, 볏짚과 같이 마른 물건이 타 들어갈 때 내는 소리로도 쓸 수 있다.

이번에는 좀 더 강하게 나는 소리를 살펴보자. 단단한 물건을 깨물 때 나는 소리 **'우두둑우두둑하다'**가 있다. 단단한 얼음이나 사탕을 이로 깨 먹을 때 내는 소리, 혹은 돌무더기가 한 번에 무너져 내릴 때, 굵은 빗방울이 사정없이 바닥을 내리칠 때 '우두둑우두둑하다'를 쓸 수 있겠다.

한편 거센 바람이 나뭇가지에 부딪히는 소리가 날 때 어떤 단어로 표현하면 좋을까? **'윙윙대다'**라는 순우리말을 알아 두자. '윙윙대다'를 소리 내어 읽어 보면 횡횡 부는 바람 소리가 그대로 느껴진다.

크고 단단한 물체가 아주 거세게 맞부딪칠 때 주로 '철컥이다'라고 표현하는데, 이때 '철컥이다' 대신 **'절걱이다'**도 쓸 수 있다. 크고 단단한 것만 큰 소리를 내는 건 아니다. 작은 것이 바람을 가로지르며 빠르게 날아갈 때도 큰 소리가 난다. 작은 공이 빠른 속도로 공기를 가르며 지나갈 때 내는 소리를 **'횡횡하다'**라고 표현한다. 이것 외에 액체를 들이마시는 소리 **'훅훅하다'**, 줄을 함부로 세게 긋거나 종이를 거칠게 찢을 때 나는 소리 **'직직하다'**, **'찍찍하다'**가 있다.

가볍지 않고 깊고 굵은 소리를 나타내는 말에는 무엇이 있을까? **'웅글다'**를 알아 두자. 웅근 목소리를 들으면 어쩐지 신뢰가 간다. 웅근 목소리와는 상반된 느낌으로 딱딱한 말투로 따질 때 쓰는 단어가 있다. **'따따부따'**이다. '따따부따 따지고 들었다', '따따부따 참견하다'와 같이 쓴다.

무언가를 따질 때는 높은 톤으로 말해야 할 것 같다. 이런 목소리로는 '목소리가 쇳소리처럼 맑고 높다'라는 뜻의 **'카랑하다'**가 떠오른다. 높고 날카로운 목소리를 이르는 또 다른 표현도 있다. **'새되다'**가 있다. 새된 목소리를 **'새청'**이라고도 이른다. **새청맞은** 목소리라고 하면 '새된 목소리'를 뜻한다고 보면 된다.

새된 목소리이긴 한데, 목을 많이 쓰는 바람에 목소리가 쉬어서 새된 소리가 날 때는 **'쇠지다'**를 쓴다. 숨이 차거나 기침이 나서 목소리가 자꾸만 짧게 끊길 때가 있다. 그럴 때 우리는 **'밭은소리'**라고 말한다. 병이나 버릇으로 소리가 크지 않고 힘도 과히 들지 않으면서 자주 하는 기침을 '밭은기침'이라고도 한다. '할아버지 댁에선 밭은기침 소리가 계속 이어졌다'와 같이 쓴다.

높고 날카로운 소리는 아니지만 목이 쉬어서 탁한 목소리가 날 때는 어떻게 표현하면 좋을까? 목소리가 쉰 듯하다는 뜻의 형용사 **'쉬지근하다'**를 기억해 두자. 부사로는 **'쉬지근히'**를 쓴다. 쉬어서 탁해진 목소리를 **'타목'**이라고도 말한다. '타목으로 변했다', '타목으로 소리를 질렀다'와 같이 쓴다. 한편 굉장히 듣기 싫은 목소리를 이르는 말이 있다. 바로 **'게목'**이다. '게목'은 거위 목소리처럼 듣기 싫은 소리를 뜻한다. '게목으로 소리를 지르다'라고 쓸 수 있겠다.

우리말 뜻풀이

속살거리다 동 남이 알아듣지 못하도록 작은 목소리로 자질구레하게 자꾸 이야기하다.

도손도손 부 겨우 알아들을 수 있는 낮은 목소리로 말을 정답게 주고받는 소리. 또는 그 모양.

도손도손하다/도손대다 동 겨우 알아들을 수 있는 낮은 목소리로 말을 정답게 주고받다.

도란도란하다 동 여럿이 나직한 목소리로 서로 정답게 이야기하다.

두런두런 부 여럿이 나지막한 목소리로 서로 조용히 이야기하는 소리. 또는 그 모양.

지절대다 동 낮은 목소리로 자꾸 지껄이다.

댕글댕글 부 책을 막힘없이 줄줄 잘 읽는 소리. 또는 그 모양.

사각사각/서걱서걱 부 벼, 보리, 밀을 잇따라 벨 때 나는 소리. / 눈이 내리거나 눈 따위를 밟을 때 잇따라 나는 소리.

사박사박하다/사박거리다/사박대다 동 배나 사과, 바람이 든 무 따위를 가볍게 자꾸 씹는 소리가 나다. / 모래나 눈을 잇따라 가볍게 밟는 소리가 나다.

사르륵 부 물건이 쓸리면서 가볍게 나는 소리. 또는 그 모양.

스르륵 부 물건이 쓸리면서 시원스럽게 나는 소리. 또는 그 모양.

사르륵사르륵 부 물건이 조금씩 쓸리면서 잇따라 가볍게 나는 소리. 또는 그 모양.

스르륵스르륵 부 물건이 조금씩 쓸리면서 잇따라 시원스럽게 나는 소리. 또는 그 모양.

보삭하다/보사삭하다/포삭하다 동 가볍게 부스러지는 소리가 나다.

버석하다 동 가랑잎이나 마른 검불 따위의 잘 마른 물건을 밟는 소리가 나다.

바작바작 부 물기가 적은 물건을 잇따라 씹거나 빻는 소리. 또는 그 모양.

우두둑우두둑하다 동 단단한 물건을 잇따라 깨무는 소리가 나다.

웅웅대다 동 센 바람이 나뭇가지 따위에 부딪치는 소리가 자꾸 나다.

절걱이다 동 크고 단단한 물체가 맞부딪치는 소리가 나다.

휑휑하다 동 작은 것이 바람을 일으키며 잇따라 빠르게 날아가거나 떠나가 버리는 소리가 나다.

훅훅하다 [동] 액체를 잇따라 들이마시는 소리를 내다.
직직하다/찍찍하다 [동] 줄이나 획을 함부로 세게 긋는 소리를 내다.
웅글다 [형] 소리가 깊고 굵다.
따따부따 [부] 딱딱한 말씨로 따지고 다투는 소리. 또는 그 모양.
카랑하다 [형] 목소리가 쇳소리처럼 맑고 높다.
새되다 [형] 목소리가 높고 날카롭다.
새청 [명] 새된 목소리.
새청맞다 [형] 목소리가 높고 날카롭다.
쇠지다 [형] 목소리 따위가 쉬어서 새되다.
밭은소리 [명] 숨이 차거나 기침 따위가 나서 잇따라 말하지 못하고 자주 짧게 끊어지는 소리.
쉬지근하다 [형] 목소리가 좀 쉰 듯하다.
쉬지근히 [부] 목소리가 좀 쉰 듯이.
타목 [명] 쉬어서 탁한 목소리.
게목 [명] 듣기 싫은 목소리.

04 예민함과 예민하지 않음

몽니
심술궂게 욕심부리는 성질

 나는 예민한* 아이였다. 내게 당도한 사건들이 내 감각기관을 스쳐 가는 순간이면 예정된 수순을 밟듯 나는 그들과 모종의 관계를 맺어야만 했다. 호불호를 따지기도 전에 순식간에 맺어지는 찰나의 관계이다 보니 머릿속 내 하루는 늘 분주했다. 귓가와 코끝을 통과하는 작은 소리나 옅은 냄새마저 어김없이 내 감각을 끼익 긁고 지나갔고, 신경은 번번이 곤두섰다.*
 비록 온갖 감각에 문을 활짝 열어젖히고 살아가야 했지만, 그렇다고 내 삶이 늘 고달픈 것만은 아니었다. 아무에게나 모습을 잘 드러내지 않는 작고 소중한 것들이 나에게만큼은 눈에 잘 띄었기 때문이었다. 그것들을 발견하고 마음이 부풀어 오르는 순간을 남몰래 맞이하는 즐거움은 예민한 자에게만 주어지는 선물 같은 것

- **예민(銳敏)하다** 무엇인가를 느끼는 능력이나 분석하고 판단하는 능력이 빠르고 뛰어나다.
- **곤두서다** 꼿꼿이 서다.

이었다.

나는 또 타인의 감정을 알아차리는 데에도 꽤 재능이 있었다. 상대가 말하지 않아도 그들의 감정과 의도, 기대 같은 것들이 내게 고스란히 전달되었다. 마치 너와 나 사이에 마음의 경계가 없는 것처럼. 책을 읽을 때도 그랬다. 마지막 장을 덮고 나면 나는 한동안 앓을 때가 많았다. 소설 속 인물이 겪은 감정의 궤적이 내게도 깊숙이 새겨져서였다.

또 일상의 순간들은 좋은 일은 좋은 일대로, 슬픈 일은 슬픈 일대로, 사소한 것은 사소한 대로, 중대한 것은 중대한 대로, 내게 오래도록 머물렀다. 수많은 순간들은 저마다 다른 질감과 무게, 밀도를 가졌지만 나는 모든 순간에 마음을 펑펑 쏟아내고 기진해졌다.

이곳저곳에 온 마음을 들이던 나는, 자라면서 내가 느끼는 슬픔과 기쁨을 솔직하게 말하기도, 이해받기도 어렵다는 사실을 점차 깨달았다. 예민해서 그렇다는, 위로와 타박의 모호한 경계를 오가는 수식어가 내게 늘 꼬리표처럼 매달려 다녔고, **몽니**를 부린다는 오해도 곧잘 따라붙었다. 어디 그뿐인가. 나의 마음을 덮어싼 막은 갓 생겨난 여린 피막* 같은 것이어서 누가 조금만 건드려도 금세 찢어져 속살이 드러났고, 쓰라렸다.

나는 둥근 세상의 일원이 되고 싶었다. 동글동글한 마음의 모양새를 닮아 가고 싶었다. 감각의 높낮이는 사포질해 평평하고 민틋하게* 깎고, 보이는 것들은 윤곽만 남겨 보자고, 어느 날 나는 그렇

- **피막(皮膜)** 껍질같이 얇은 막.
- **민틋하다** 울퉁불퉁한 곳이 없이 평평하고 비스듬하다.

게 결심했다.

오랜 시간이 흘러 그때의 바람대로 나는 꽤 둥근 사람이 되었다. 시계 분침이 돌아가는 소리에 전처럼 주의를 기울이지 않게 됐고, 자동차 경적에도 소스라치게 놀라지 않는다. 시간은 쓰지 않으려고 애쓴 감각들 위에 먼지처럼 내려앉았다. 있던 것이 없던 것이 되기도 하는구나 싶었다. '너는 예민하니까'라는 슬로건을 내 안으로 향하게 걸어 두고 언제나 다른 사람들의 목소리에 나를 기꺼이 맞추려고 했다. 너는 예민하니까 네 마음이 지나친 것이 될 수 있단 걸 잊지 마. 네가 느끼는 걸 반으로 줄여야 남들과 비슷해질걸. 이런 내면의 목소리에 귀를 기울였다. 타인은 그렇게 나보다 우선이 되었다.

그래서였을까. 작고 귀한 걸 찾아낼 줄 알던 내 마음은 퇴화했고, 감명받아 행복해하는 순간은 간격을 넓혀 가며 드물게 나를 찾아왔다. 뻔하고 형식적인 마음만 남아 버렸구나, 같은 쓸쓸한 생각을 종종 하게 되었다.

이제 와 가끔 그런 생각을 한다. 그때는 몰랐지만, 기쁨과 슬픔의 밀도를 충실하게 느낄 수 있었던 것은 반짝이는 재능이었다고. 그렇게 투명한 마음을 잃은 것은 조금은 슬픈 일이라고.

아쉬움을 달래 주기라도 하듯 나는 어린 나와 똑 닮은 딸을 낳

았고, 섬세한 아이를 키우며 크고 작은 고충을 겪었다. 그럼에도 나는 아이가 예민함을 잃어버리지 않기를 바랐다. 어른이 되어서도 생의 기쁨과 슬픔을 온전히 느낄 수 있기를, 수시로 남발되는 공감에 마음 아플 때가 많겠지만, 지금처럼 섬세하게 채색된 삶을 살아갔으면 좋겠다고. 아이만의 곱고 선명한 마음만큼은 지켜주고 싶었다.

나의 다짐은 깊은 밤, 잠든 아이의 얼굴을 어루만지며 속말을 중얼거리는 것으로 이어지곤 한다.

엄마는 말이야,

그런 마음 느껴도 되는 건지 아닌지 네가 두리번거리지 않기를 바라. 네 마음 먼저 돌보는 일에 자책하지 않기를, 네 모든 삶의 모습을 마음 편히 사랑하기를 바라. 두 발로 땅속 깊이 단단히 밟고 서서 지금 모습 그대로 네가 온전하다는 걸 잊지 않는, 그런 삶을 네가 살아갔으면 좋겠어.

이제 와 가끔 그런 생각을 한다.

그때는 몰랐지만,
기쁨과 슬픔의 밀도를
충실하게 느낄 수 있었던 것은
반짝이는 재능이었다고.
그렇게 투명한 마음을 잃은 것은
조금은 슬픈 일이라고.

감각을 부르는 순우리말

예민한 사람들이 온몸으로 마주하는 감각과 관련된 순우리말을 살펴보기에 앞서 나의 오랜 동경의 대상이었던 동글동글한 사람을 이르는 말부터 알아보자. 흔히 까다롭지 않아서 이래도 좋고, 저래도 좋은 사람을 두고 '**무던한** 사람'이라고 한다. 이와 유사한 말로 '**수더분하다**'가 있다. 성질이 까다롭지 않고 순하고 소박하다는 뜻이다. 이외에도 무던한 사람을 이르는 말로는 '**어련무던하다**', '**어리무던하다**'와 같은 순우리말이 있다.

어련무던한 사람들은 무심코 스쳐 보낼 감각들, 그러나 민감한 사람들에게는 오래도록 머무는 그 느낌을 표현하는 순우리말에는 무엇이 있을까? 먼저 소리와 관련된 말들을 찾아가 보자. 예민한 사람들은 누구보다 소리를 잘 듣는 데다 귓바퀴로 들어온 소리의 규칙을 쉽사리 발견하고 그 규칙을 좇아간다. 시계 초침이 둥근 궤적을 그리며 흔적을 남기는 소리 '**톡탁톡탁**', 조용한 도서관에서 **버스럭거리며** 책장을 넘기는 사람, 그릇에 숟가락이 오가며 내는 **달그락거리는** 소리, **보삭보삭** 과자 먹는 소리에 압도돼 그들의 세상에는 오로지 소리만 남는다.

여럿이 한데 모여 웃고 떠드는 **왁자그르르한** 소리에 그들의 신경은 남들보다 더 크게 움직인다. '왁자그르르하다'와 유사한 단어 **'워그적거리다'**도 알아 두자. 여러 명이 너른 곳에서 시끄럽고 수선스럽게 떠들 때 쓰는 말이다. 약간 큰 소리로 떠들썩하게 이야기하거나 시끄러울 때는 **'지껄하다'**, 나직한 소리임에도 떠들썩하게 이야기하거나 그로 인해 시끄러움이 느껴질 때는 **'재갈하다'**를 쓴다. 귀가 먹먹할 정도로 시끄럽게 떠들 때는 **'왕왕거리다'**를, 굉장히 강한 소리, 예를 들어 쇠붙이가 세게 부딪쳐서 날카로운 소리가 날 때는 **'쨍쨍하다'**를 쓴다.

한편 날카로운 소리는 어떤가? 손톱으로 칠판을 긁을 때 나는 소리는 어김없이 온몸의 감각을 신경질적으로 일으켜 세우는데, 날카로운 소리가 신경을 자극해 듣기에 거북한 소리를 **'자그럽다'**라고 한다.

피부로 느끼는 감각도 빼놓을 수가 없다. 티셔츠를 사고서 등이나 허리 쪽을 살살 긁어 대는 태그를 가위로 잘라 내야 안심하고 옷을 입을 수 있는 사람이 있다. 태그가 목덜미를 간헐적으로 건드리며 못 견디게 만드는 느낌을 간지럽다거나 따갑다고 표현하기에는 뭔가 제대로 설명하지 못한다는 느낌이 든다. 까끌한 것이 몸에 닿아 불편한 느낌이 들 때 **'까끄름하다'**라고 말할 수 있다. 편안하지 못하고 불편한 데가 있다는 뜻의 '까끄름하다'는 속이 불편할 때도 쓴다.

피부가 가려울 때 쓸 수 있는 말에는 무엇이 있을까? 마치 벌레가 살갗 위를 기어가는 것처럼 근질근질할 때 **'스멀거리다'** 또는 **'사물거리다'**를 쓸 수 있다. 이와 유사하게 **'가닐거리다'**라는 말도 있다. '가닐거리다'는 피부가 간지럽고 저린 느낌이 들 때 쓴다. 실제로 벌레에 물려 가려움이 느껴질 때는 **'무럽다'**로 표현할 수 있다.

가끔 피가 통하지 않아 감각이 둔해질 때가 있는데, 이럴 때는 우리가 흔히 아는 **'저리다'** 또는 **'자리다'**, **'자릿하다'**로 표현할 수 있다. 연필을 오래 쥐고 글을 썼던 학생 때는 하도 힘을 주고 연필을 쥔 탓에 손끝이 자릿해 글씨를 제대로 쓰기 어려울 때가 왕왕 있었다.

그럼 이런 때는 어떤 단어를 쓸까? 청양고추를 베어 물고 느껴지는 혀끝의 얼얼함, 달궈진 프라이팬 끄트머리에 무심코 닿은 손가락에 물집이 생긴 뒤 손가락 끝에 큰 북이라도 달린 듯 쿵쿵 반복적으로 울려대는 고통, 눈물샘을 막 통과한 눈물이 눈 밖으로 진격하기 직전에 코끝에서 울려 퍼지는 찡한 선전포고용 울림 등은 모두 **'아릿하다'**라는 말로 표현할 수 있다.

마음에서 일어나는 느낌들에는 무엇이 있을까? 거북하고 불편한 마음은 **'트적지근하다'**라고 말한다. 거추장스러울 땐 어떤가? 먹긴 먹어야 하는데, 너무 피곤하면 밥 차려 먹는 것만큼 귀찮은 일도 없다. 이렇게 일거리가 되어 귀찮거나 불편할 때는 **'일쩝다'**는 단어를 쓸 수 있다. 그리고 진절머리가 나도록 싫고 괴로울 때는 **'지긋지긋하다'** 또는 **'자긋자긋하다'**를 쓴다.

예민한 사람들은 보통의 사람들이 예상하지 못하는 부분도 놓치지 않을 때가 많다. 그 일이 일어나든 일어나지 않든 그들은 크고 작은 근심들을 주로 늘어놓고 산다. 이렇게 자잘한 근심들이 마음에서 떠나지 않는 마음 상태를 **'심살내리다'**라고 한다.

이런저런 감각들을 놓치지 않고 사는 예민한 사람들의 삶, 쉽게 **몽니**를 부린다는 오해를 받기도 하는 그들의 삶은 한편으론 고될 것이다. 그러나 그들이 바라보는 세상은 짙고 깊다. 그 사실만큼은 분명하다.

우리말 뜻풀이

무던하다 〔형〕 성질이 너그럽고 수더분하다.

수더분하다 〔형〕 성질이 까다롭지 않고 순하고 소박하다.

어련무던하다/어리무던하다 〔형〕 성질이 까다롭지 않고 무던하다.

톡탁톡탁 〔부〕 서로 가볍게 자꾸 치는 소리. 또는 그 모양.

버스럭거리다 〔동〕 마른 잎이나 검불, 종이 따위를 밟거나 뒤적이는 소리가 자꾸 나다.

달그락거리다 〔동〕 작고 단단한 물건이 부딪쳐 흔들리면서 맞닿는 소리가 자꾸 나거나 내다.

보삭보삭 〔부〕 마른 물건이 잇따라 가볍게 바스러지는 소리. 또는 그 모양.

왁자그르르하다 〔형〕 여럿이 한데 모여 웃고 떠들어서 시끄럽다.

워그적거리다 〔동〕 여럿이 너른 곳에서 자꾸 시끄럽고 수선스럽게 들끓다.

지껄하다 〔동〕 약간 큰 소리로 떠들썩하게 이야기하다. 〔형〕 약간 큰 소리로 떠들썩하게 이야기하여 시끄럽다.

재갈하다 〔동〕 나직한 소리로 조금 떠들썩하게 이야기하다. 〔형〕 나직한 소리로 조금 떠들썩하게 이야기하여 시끄럽다.

왕왕거리다 〔동〕 귀가 먹먹할 정도로 크고 시끄럽게 떠들거나 우는 소리가 잇따라 나다.

쨍쨍하다 〔동〕 귀가 먹먹할 정도로 높고 강하게 자꾸 울리는 소리가 나다.

자그럽다 〔형〕 날카로운 소리가 신경을 자극하여 몹시 듣기에 거북하다.

까끄름하다 〔형〕 편안하지 못하고 불편한 데가 있다.

스멀거리다/사물거리다 〔동〕 살갗에 벌레가 자꾸 기어가는 것처럼 근질근질하다.

가닐거리다 〔동〕 벌레가 기어가는 것처럼 살갗에 간지럽고 자릿한 느낌이 자꾸 들다.

무럽다 〖형〗 모기, 빈대, 벼룩 따위의 조그만 해충에 물려서 가렵다.
저리다/자리다 〖형〗 뼈마디나 몸의 일부가 좀 눌려서 피가 잘 통하지 못하여 감각이 둔하고 아리다.
자릿하다 〖형〗 조금 자린 듯하다.
아릿하다 〖형〗 혀끝에 느껴지는 알알한 느낌. 살갗이 찌르는 듯이 아프다. 마음이 몹시 고통스럽다.
트적지근하다 〖형〗 거북하고 불쾌하다.
일쩝다 〖형〗 일거리가 되어 귀찮거나 불편하다.
지긋지긋하다/자긋자긋하다 〖형〗 진저리가 나도록 싫고 괴롭다.
심살내리다 〖동〗 잔근심이 마음에서 떠나지 않다.
몽니 〖명〗 심술궂게 욕심부리는 성질.

05　　우리 다시 만나, 어느 좋은 곳에서

그러모으다
흩어져 있는 사람이나 사물 따위를 거두어 한곳에
모으다

나는 울지 않았다. 눈물이 나지 않았다. 장례식장을 들어서 빈소를 찾아가는 순간까지도 너의 죽음은 내게서 멀리 떨어진 것이었다. 영정 사진에 있는 얼굴은 네가 아니었고, 더운 육개장 국물에서 피어오르는 김을 멍하게 바라보고 있던 것도 내가 아니라고 느꼈다.

　장례식장에 모인 우리는 서로의 시선을 빗겨서 허공을 멀거니 바라보고 앉아 있었다. 간간이 울음 섞인 목소리와 침묵이 불규칙적으로 오고 갔다. 자리를 일어설 때쯤, 끝일 줄 모른 채 마지막이 되어 버린 너와 나눈 말들을 우리는 기억했다. "잘 들어갔니? 올해 가기 전에 한 번 더 보자. 그때 합정 거기서." 이런 말들이 우리들의 마지막 말이 되었다.

　집으로 돌아와 외투를 벗고 목도리를 풀어 의자에 내려놓았다.

그제야 그러모아둔 눈물이 쏟아져 내렸다. 언제든 만날 수 있으리라 미뤄 두었던 내 마음에 손쓸 수 없는 후회가 사나운 파도가 되어 밀려들었다.

J야.

우리의 끝이 이렇게 가까운 시간에 당도해 있을 거란 걸 왜 눈치채지 못했을까. 너를 만나고 싶은 마음을 나는 왜 번번이 다음으로 미뤄 두었을까. 우리의 시간과 공간에 이렇게 날카로운 금이 그어질 수도 있단 걸 나는 왜 몰랐을까. 네게 아직 쓰지 못한 마음이 이렇게나 남았는데 그 마음이 이제 영영 갈 곳을 잃고 말았다.

그런데 J야, 전에 우리가 나눈 이야기 기억나니? 사람은 태어났다 죽었다를 다섯 번쯤 반복한다던 그 윤회 이야기 말이야. 네가 그때 그랬잖아. 아무래도 넌 몇 번은 이미 살아 본 것 같다고. 다음엔 4회 차쯤 될 거라고. 너 그렇게 웃으면서 이야기했잖아.

농담 삼아 우리가 했던 그 이야기가 말이야, 지금 내겐 너무나도 명백한 갈망이 되었어. 너를 다시 만나고야 말 거라는.

우리 그날 그 이야기처럼 잠시 흩어졌다 다시 모이는 거야.

어느 환하고 좋은 곳에서

그렇게 우리 다시 만나.

인(因)과 연(緣)이 모이고 합해져
모든 것이 생겨났다가 흩어지면 사라지는 것.
무수한 시간을 통과하며
내게 모였다 흩어지는 인연들.
모여듦과 흩어짐에 이름을 붙여보고 싶다.

흩어짐과 모임을 부르는 순우리말

만남과 헤어짐이 삶을 날카롭게 베어 낼 때는 '시절 인연'이란 말을 떠올린다. 모든 인연에는 오고 가는 시기가 있다는 시절 인연은 나를 스쳐 가는 수많은 만남과 헤어짐이 놓고 가는 슬픔에 작은 위로가 되어 준다. 인(因)과 연(緣)이 모이고 합해져 모든 것이 생겨났다가 흩어지면 사라지는 것. 무수한 시간을 통과하며 내게 모였다 흩어지는 인연들. 모여듦과 흩어짐에 이름을 붙여 보고 싶다.

한곳으로 모여드는 순우리말에는 어떤 것이 있을까? 멀리 흩어져 있던 사람이나 사물 따위를 한곳에 모을 때 '그러모으다'를 떠올려 볼 수 있다. **'그러모으다'**는 양팔을 양쪽으로 힘껏 펼쳤다가 가슴 쪽으로 쓸어 와 꼭 껴안는 느낌이 든다. 저 멀리 있던 사람들이나 물건들을 한곳으로 끌어와 모으는 듯하다.

'우므러지다'라는 단어도 있다. 흔히 우리가 알고 있는 '오므라지다'가 '우므러지다'의 작은 말이다. 펼쳐져 있던 사물이 한곳으로 줄어드는 것을 말한다. 예를 들어 낮 동안 활짝 펼친 나팔꽃이 밤이 되면 오므라드는 것처럼 바깥쪽에서부터 안쪽을 향해 줄어들며 모여드는 장면에 '우므러지다'를 쓸 수 있다. 다시 말해 한 사물이 가운데로 모이며 모형의 변화가 일어날 때 주로 쓴다.

같은 말로 **'우므러들다'**가 있다. 주위에서 중심 쪽으로 모여든다는 뜻의 **'욱여들다'**도 있다. 바깥쪽에서 안쪽으로 모여드는 상태로 '잔뜩 긴장하는 바람에 어깨가 욱여들었다'와 같이 쓸 수 있다.

여러 사람 또는 사물이 떼를 이루면서 모여들 때는 어떨까? 이때는 **'떼뭉치다'**라는 단어로 표현하면 된다. '연회장에서 사람들은 끼리끼리 떼뭉쳐서 떠들고 있었다'와 같이 쓸 수 있겠다.

한군데 많이 모인 상태를 말하는 순우리말도 있다. **'드러쌓이다'**이다. 펑펑 내리는 눈이 바닥에 깔리기 시작하다 수북이 쌓여가며 양감(量感)을 드러낼 때 '드러쌓이다'를 쓴다. 준말로 '드러쌔다'라고 쓰기도 한다.

이번에는 어린아이들 여럿이 모여 있는 장면을 떠올려 보자. 모래 놀이터에 쪼그리고 앉은 아이들의 동그랗고 작은 뒤통수가 모여 있는 모습을 묘사하고 싶다면 어떤 표현을 쓰면 좋을까? '아이들이 놀이터에 모여 앉아 모래놀이를 하고 있다'라는 문장에 **'옹기옹기'**를 넣으면 문장의 맛이 훨씬 더 살아난다. 비슷비슷한 아이들의 작은 뒤통수가 모여 있는 모습이 연상돼 작은 미소가 번진다.

'옹기옹기'를 보면 떠오르는 단어가 있다. 바로 **'옹기종기'**다. '옹기종기'는 크기가 다른 작은 것들이 고르지 않게 많이 모여 있는 모양을 뜻한다.

그렇다면 크기가 큰 것이 모여 있는 모양을 뜻하는 순우리말은 없을까?

이때 우리는 **'웅기웅기'** 또는 **'웅게웅게'**를 쓸 수 있다. '웅기웅기'는 크기가 큰 것이 무질서하게 모여 있는 모양을 이른다. 작은 것들이 모여 있는 모양을 흉내 낸 말로는 **'오불오불'**이 있다. 이 단어를 발음하는 것만으로도 어쩐지 입속으로 둥근 귀여움이 데굴데굴 굴러다닐 것만 같다. 한편 크기가 비슷한 물건들이 여기저기 모여 있는 모양을 흉내 낸 말 **'중기중기'**도 기억해 두자.

모든 것은 결국 흩어진다. 모였으면 흩어질 때가 오는 법이다. 흩어짐을 표현할 수 있는 순우리말에는 무엇이 있을까? 내가 어린 소녀였을 때는 가을이 되면 가장 예쁘게 물든 단풍을 고르고 골라 책갈피에 넣어서 말리곤 했다. 잘 말린 단풍을 책갈피에서 꺼낼 때는 줄기 부분을 조심스레 잡아야 했다. 자칫하다간 맥없이 부서져 버리기 때문이다. 이처럼 뭉그러져 잘게 조각이 나 흩어지는 것을 **'버스러지다'**라고 표현한다.

이와 유사하게 물기가 말라 쉽게 부스러져 흩어지는 상태를 표현하는 말이 있다. **'바슬대다'**이다. 점토로 인형을 만들었는데, 시간이 흐른 뒤 바싹 말라 부스러질 때 **'바슬대다'**, **'바슬거리다'**를 쓸 수 있다. 빛이 부서져 산산이 흩어져 버릴 때 쓰는 말도 있다. 이때는 **'바서지다'**를 쓴다.

'흩어지다'와 관련한 단어는 어쩐지 슬픈 느낌이 나지만 가볍고 재미있는 표현도 있다. **'왜글대다'**, **'왜글거리다'**이다. 된밥이 자꾸 부스러지고 흩어질 때 쓰는 말이다. '왜글대다'를 발음해 보면 어쩐지 된 밥알 하나하나가 따로 떨어져 나와 입안에서 데구루루 소리를 내는 것 같은 느낌이 든다.

'왜그르르하다'도 유사한데, 이는 된밥이나 굳은 물건이 한꺼번에 흩어질 때 쓰는 말이다. 또 **'흐슬부슬하다'**도 있다. 이는 차진 기가 없고 부스러져 헤어질 듯하다는 뜻이다. 어떤 결여로 응집되지 못하고 제각각 지름을 늘려 가며 바깥으로 겉돌다 결국 흩어지고 마는, 눈치채지 못한 사이 작은 금들이 생겨나고 조금씩 어긋나다 결국 관계의 종말을 맞이하던 때가 떠오른다.

생겨남과 동시에 흩어져 사라지는 눈과 먼지, 연기 등은 어떻게 표현할 수 있을까? 눈이나 먼지, 연기가 흩날려 허공으로 사라져 버릴 때는 **'풀풀하다'**, **'풀풀거리다'** 등을 쓸 수 있다. 눈이나 비가 흩어지며 내릴 때가 있는데, 그때 표현할 수 있는 부사로는 **'푸실푸실'**이 있다.

흩어짐은 사라짐을 전제로 할 때가 많지만, 사라짐과 관계없이 여기저기 듬성듬성 흩어져 있을 때를 표현한 말도 있다. 많은 수효가 듬성듬성 흩어져 있다는 뜻의 형용사 **'겅성드뭇하다'**, 그렇게 흩어져 있는 모양을 뜻하는 부사 **'겅성드뭇'**이 그것이다. '시골길에 가로등이 겅성드뭇하게 켜져 있다', '하늘에 별이 겅성드뭇 반짝이고 있다' 등으로 쓸 수 있다.

생겨났다 흩어지는 모든 것들, 우리를 스쳐 가는 모든 이들을 **다독다독** 도닥이며 보낸다. 온 마음을 다해 너를 깊숙이 안은 채 고마웠다 인사를 남기려고 한다. 모든 만남과 헤어짐을 고요히 받아들인다.

우리말 뜻풀이

그러모으다 통 흩어져 있는 사람이나 사물 따위를 거두어 한곳에 모으다.

우므러지다/우므러들다 통 물건의 가장자리 끝이 한곳으로 많이 줄어지어 모이다.

욱여들다 통 주위에서 중심 쪽으로 모여들다.

떼뭉치다 통 떼를 이루면서 모이다.

드르쌓이다 통 아주 많이 쌓이거나 한군데로 많이 모이다.

옹기옹기 부 비슷한 크기의 작은 것들이 많이 모여 있는 모양.

옹기종기 부 크기가 다른 작은 것들이 고르지 아니하게 많이 모여 있는 모양.

웅기웅기 부 크기가 큰 것이 무질서하게 모여 있는 모양.

웅게웅게 부 조금 큰 것들이 무질서하게 많이 모여 있는 모양.

오불오불 부 자그마한 것들이 한데 모여 있는 모양.

중기중기 부 크기가 비슷한 물건들이 여기저기 모여 있는 모양.

버스러지다 통 뭉그러져 잘게 조각이 나서 흩어지다.

바슬대다/바슬거리다 통 물기가 말라 자꾸 쉽게 부스러지거나 흩어지다.

바서지다 통 조금 단단한 물체가 깨어져 여러 조각이 나다. / 액체나 빛 따위가 부딪쳐 산산이 흩어지다.

왜글대다/왜글거리다 통 된밥이나 굳은 물건 따위가 자꾸 흐슬부슬 흩어지다.

왜그르르하다 통 된밥이나 굳은 물건 따위가 흐슬부슬 한꺼번에 헤어지다.

흐슬부슬하다 형 차진 기가 없고 부스러져 헤어질 듯하다.

풀풀하다/풀풀거리다 통 눈이나 먼지 연기 따위가 몹시 흩날리다.

푸실푸실 부 눈이나 비 따위가 성기게 흩어져 자꾸 내리는 모양을 나타내는 말.

겅성드뭇하다 형 많은 수효가 듬성듬성 흩어져 있다.

겅성드뭇 부 많은 수효가 듬성듬성 흩어져 있는 모양.

다독다독 부 흩어지기 쉬운 물건을 모아 자꾸 가볍게 두드려 누르는 모양.

06 ● 어느 날 우리는
이 순간을 몹시도 그리워하겠지

한올지다
한 가닥의 실처럼 매우 가깝고 친밀하다

더위가 유난히 오래도록 떼썼던 여름 끝자락의 어느 저녁이었다. 여름내 고단해진 인내심이 슬슬 바닥을 드러내던 즈음, 때마침 청신한 바람이 구원처럼 불어왔다.

한낮의 열기를 아직 반쯤 머금은 잔광이 등과 목덜미를 여전히 데웠지만, 그쯤이야 괜찮았다. 가느다란 바람결, 그 작은 사늘함*만으로도 마음은 들떴으니까. 이제 정말 가을이 오려나 보다, 웬일이야 뜨끈한 걸 다 먹고 싶어지네, 요 며칠 전만 해도 우리가 냉면집에 줄 서서 기다렸던 걸 기억하느냐, 시답잖은 이야기로 키득거리며 동네의 한 허름한 노포로 향했다. 닭도리탕과 소주 한 병을 시켜 놓고 바투* 앉아 우리는 실없는 이야기를 이어갔다. 오늘의 이런저런 일들과 만난 사람들, 그리고 읽은 책과 끄적인 글들에 대해

- **사늘하다** 물체의 온도나 기온이 약간 찬 느낌이 있다.
- **바투** 두 대상이나 물체의 사이가 썩 가깝게.

서. 그러다 낮에 읽은 신문 기사가 문득 떠올랐다.

"사람이 죽는 순간에 말이야, 지금껏 살아온 생의 순간들이 주마등처럼 스쳐 지나간다고 하잖아. 근데 그게 진짜 그런 거래. 죽어 가는 사람의 뇌를 우연히 측정하게 됐는데, 심장이 멈추기 직전 30초 동안 과거 일을 회상할 때 나타나는 뇌파 활동이 증가하더래."

"30초? 일생을 30초 만에 다 돌아봐야 한다니."

"궁금해지더라. 나는 그 순간에 어떤 장면을 기억할까 하고. 너는 그때 무슨 생각할 거 같아?"

그는 대답 대신 푹 익은 감자를 반으로 잘라내 후후 불어 한입에 넣었다. 그리고는 젓가락을 양손에 하나씩 집어 들고 그릇에 덜어 둔 닭고기 살을 정성스럽게 발라냈다. 비워진 내 술잔을 힐끔 보고는 쪼르륵 잔을 채워 주기도 하면서. 고기 발라내는 일에 온 정신을 들이던 그가 툭 하고 내뱉듯 말했다.

"지금 같은 순간? 너랑 같이 밥 먹고 맛이 있네 없네 하면서 이야기하는 뭐 그러는 순간? 내 인생에는 대단했던 일이 그렇게 많지 않아서 그런가. 대단한 걸 영영 못 한다 해도 사실 나는 괜찮을 거 같거든. 그런데 이런 보통의 시간 말이야, 내 인생 대부분이었던 이 평범한 순간들을, 이걸 이제 내가 다시는 못 하는구나 싶으면 죽으면서도 심장이 쿵 내려앉을 것 같아. 이게 진짜 마지막이다 싶으면."

닭도리탕에서 모락모락 피어오르던 김이 조금씩 희미해져 갔다. 너무 사소해서 내일이면 흔적도 없이 흩어져 버릴 이런 순간. 죽음을 목전에 두고서야 그때가 실은 제일 눈부시게 찬란한 때였다고 느닷없이 고백받을 순간. 그 시간들이 내 앞에서 사라지고 있었다.

우리는 말없이 닭고기 살을 정성을 다해 발라 먹었다. 심심하다 싶으면 닭도리탕의 국물도 한 번씩 떠먹고 입안이 얼얼해지면 소주도 삼켜 가면서. 그사이 우리의 생각은 아마도 한곳을 향했을 것이다. 생각해 보니 네 말이 정말 맞는다고, 그러니 우리에게 당도한 지금의 시간을 살아내야겠다고. 바로 이 순간, 너와 내가 더 **한올지게**, 행복해지는 게 맞겠다고.

마주 앉아 닭도리탕을 먹던 어느 낡은 노포, 우리가 함께 머문 시간 속에 노랗고 환한 불이 켜졌다. 둥글고 노글노글한 마음이 기분 좋게 부풀어 올랐던, 가을이 막 시작되려던 어느 늦은 밤이었다.

"내 인생에는 대단했던 일이 그렇게 많지 않아서 그런가. 대단한 걸 영영 못 한다 해도 사실 나는 괜찮을 거 같거든. 그런데 이런 보통의 시간 말이야, 내 인생 대부분이었던 이 평범한 순간들을, 이걸 이제 내가 다시는 못 하는구나 싶으면 죽으면서도 심장이 쿵 내려앉을 것 같아. 이게 진짜 마지막이다 싶으면."

사랑을 부르는 순우리말

보르헤스는 한 인터뷰에서 현재에 관한 인상적인 말을 남겼다. "현재가 과거에 의해, 그리고 미래의 두려움에 의해 압박받고 있는 거예요. 현재는 과거나 미래만큼이나 추상적인 것이에요. 현재의 우리는 언제나 과거와 미래를 함께 가지고 있는 거예요. 우린 늘 미래에서 과거로 미끄러져 들어가고 있어요"라고.

현재라는 순간이 있기나 한 걸까. 순순히 과거의 먹잇감이 되어 버릴 수밖에 없는 현재의 시간. 한시도 곁에 붙잡아 둘 수 없어 사무치는 시간. 결국 우리가 할 수 있는 것은 온 힘을 다해 지금을 살아가는 수밖에 없다. 다정하고 소중하게 사랑을 담아 찰나의 시간과 만나고 작별하는 수밖에 없다.

그렇다면 소중한 마음을 나타내는 순우리말을 알아봐야겠다. 어떤 것이 있을까? 여럿 중에서 가장 가치 있고 소중하다는 뜻의 **'알천같다'** 를 기억해 두자. 순우리말 책을 펴내며 '알천같다'처럼 알천같은 단어가 얼마나 많은지 새삼 느낀다.

소중한 것들은 귀하게 여겨 애지중지하기 마련이다. 상할까, 다칠까 아끼는 마음으로 어루만질 때 **'애만지다'**라는 단어를 생각해 볼 수 있다. '할아버지가 애만지던 도자기를 깨뜨려 버렸다'와 같은 문장에서 쓸 수 있겠다. 또 소중하고 사랑하는 사람과는 멀리 떨어져 있고 싶지 않다. 사이가 뜨지 않게 바싹 붙어 앉아 가깝게 있을 때 **'다붓하다'**라고 말한다.

한편 누구에게나 다정한 사람은 어떤가? 다정하고 부드러운 사람을 이르는 말로 **'곰살스럽다'**도 떠올릴 수 있다. 곰살스러운 사람에게 우리는 마음을 건네며 기댈 수밖에 없다.

그럼 소중한 마음과 잇닿아 있는 것은 어떤 마음일까? 아마도 사랑하는 마음일 것이다. 사랑을 표현하는 순우리말에는 무엇이 있을까? 먼저 '괴다'를 생각해 볼 수 있다. **'괴다'**는 특별히 귀여워하고 사랑한다는 뜻이다. 이를 명사형으로 **'굄'**이라 표현할 수 있다. '굄을 받는다'라고도 쓸 수 있다.

무엇인가를 매우 그리워하면서 동경하는 마음을 나타내는 말도 있다. 바로 **'흐놀다'**이다. 사랑과 그리움은 맞닿은 마음이다. 사랑하는 사람과 멀리 떨어져 있어 그가 너무 그리울 때 우리는 '흐놀다'를 쓴다.

사랑은 친밀하고 가까운 사이에서 피어난다. 이런 사이를 뭐라고 할까? **'옴살'**이라고 한다. '그와 나는 비슷한 점이 많아 우리는 금세 옴살이 되었다'라고 한다.

사랑에는 너그러운 마음도 깔려 있다. 나보다 어리거나 미숙한 사람을 사랑으로 대할 때, 그들의 실수를 너그러운 마음으로 보듬어 줄 수 있다. 누군가를 사랑하는 마음으로 넉넉하게 보듬어 대할 때 쓸 수 있는 순우리말로는 **'넨다하다'**가 있다. '저희 아이 담임 선생님은 아이들을 한 해 내내 자식처럼 넨다하셨어요'라고 쓰면 된다.

따뜻한 정이 가득하고 사랑이 깊을 때는 어떤 말을 쓸 수 있을까? 이때는 **'도탑다'**를 쓴다. 따뜻하고 넉넉하게 깔린 도타운 사랑이 있다면 어디에서 무얼 하든 안전할 것 같은 마음이 든다.

다정한 마음으로 살아가고 싶다. 누군가를 미워하고 탓하는 무거운 마음 대신 따뜻한 마음으로 **구순하고 한올지게**, 지금의 우리를 사랑하며 살아가고 싶다. 한없이 가볍고 밝은 마음으로.

우리말 뜻풀이

알천같다 형 여럿 중에 가장 가치 있고 소중하다.
애만지다 동 아끼고 소중하게 여겨 어루만지다.
다붓하다 형 매우 가깝게 붙어 있다.
곰살스럽다 형 몹시 다정하고 싹싹한 데가 있다.
괴다 동 특별히 귀여워하고 사랑하다.
굄 명 유난히 귀엽게 여겨 사랑함.
흐놀다 동 무엇인가를 몹시 그리면서 동경하다.
옴살 명 매우 친밀하고 가까운 사이.
녠다하다 동 어린아이나 아랫사람을 사랑하여 너그럽게 대하다.
도탑다 형 서로의 관계에 사랑이나 인정이 많고 깊다.
구순하다 형 서로 사귀거나 지내는 데 사이가 좋아 화목하다.
한올지다 형 한 가닥의 실처럼 매우 가깝고 친밀하다.

07　●　그에게 남은 작고 작은 말의 흔적

눈석임
쌓인 눈이 속으로 녹아 스러짐

검은 뿔테 안경에 흰색 야구모자를 푹 눌러쓴 그의 피부는 모자 색과 대비돼 어쩐지 더 가무잡잡해 보였다. 목소리는 옅게 떨렸지만, 틀리지 않으려는 듯 음절을 하나하나 다듬어 말했다.

"안녕하세요? 저는 제이슨입니다."

그의 입술을 타고 나온 소리에는 미처 다 자라지 못한 어린 한국어가 박제돼 있었다. 교포들에게서 흔히 발견되는 동글동글 굴러다니는 듯한 어린아이의 억양. 나는 그가 한국어를 배우러 잠시 짬을 내서 온 교포일 것이라 생각했다. 그와 가벼운 눈인사를 나누고선 학생기록부에 적힌 정보를 훑어보았다. 내 짐작을 확인하고 인터뷰 질문거리를 서둘러 찾기 위해서였다.

그러나 그에 관한 서류상 정보에는 '한국'과 관련한 흔적은 어디에도 없었다. 국적은 USA. 그의 이름에는 Park이라거나 Lee, Kim과 같은 한국인임을 어림짐작할 수 있는 성도 찾아볼 수 없었다. 그에게 남은 한국 어린아이의 소리 자국은 어디서 온 걸까? 의아해하는 내 표정을 읽은 듯 그는 말했다.

"저는 입양아예요."

아홉 살이 되던 해에 그는 미국 캔자스주에 있는 한 가정으로 입양되었다고 했다. 입양되기 전에는 한국에서 가족들과 함께 살았으며, 입양된 이유는 아직도 정확히 모른다고. 입양된 후 성인이 되어 라스베이거스로 가서 일하기 전까지 그는 한국인을 단 한 명도 만나지 못했다고 했다. 미국행 비행기를 탔던 날 이후로 그는 한국어를 한 번도 듣지 못한 것이다. 한국어라는 세계가 돌연히 자취를 감춰 버린 나날에도 그는 한국어를 기억하고 싶었다고 했다. 그러나 낯선 세계와 친숙한 세계와의 길항*은 그리 오래가지 못했다. 익숙한 말과 글은 맥없이 하나둘 부스러져 잊혀 갔다.

해를 거듭하고 그 이상의 시간이 흘러가며 정해진 수순처럼 그의 한국어는 손상되고 소실되어 갔다. 어느 날부터는 간단한 문장과 단어들도, 향기와 촉감으로부터 되돌아오는 작은 기억을 떠올릴 한국어마저도 희미해졌을 것이다. 이윽고 그는 그것들의 부재 상태나 타의에 의해 모국어 사용을 금지당한 상처에도 익숙해졌을 테고. 여전히 한국어를 읽을 수 있는지, 한국어로 말할 수 있는지 스스로 자문하고 반추해 나가기엔 그 당시 그는 너무 어렸다.

• **길항(拮抗)** 서로 버티어 대항함.

자신 안에 유폐된* 한국에서의 삶과 언어를 하나씩 조심스레 꺼내어 보다 그마저도 닳아서 엉성한 흔적만 남은 것을 발견했을 어느 날 그의 마음을 그려 봤다. 그가 쌓은 아홉 해 남짓의 삶의 시간은 단단하게 응축되었다기엔 그저 여리고 작았다. 이곳저곳 흩어져 유실될 수밖에 없었을 미숙한 시간. 그는 어른으로 살아남기 위해 어린 시절을 잃어버릴 수밖에 없었을 것이다.

나는 그의 미국 생활이 어땠는지 잘 모른다. 다만 그가 30년이 훌쩍 넘는 시간을 미국에서 살아왔음에도 영어로 된 텍스트를 능숙하게 읽지 못한다는 점으로 미국에서의 그의 삶을 그저 미루어 볼 뿐이었다.

그와의 인터뷰가 마지막을 향해 가고 있었다.
그가 내게 말했다.
"혹시 이 노래가 뭔지 아세요?"
"무슨 노래요?"
"이일은 이, 이이는 사, 이삼 육…… 이거요. 이 노래가 자꾸 생각이 나요."

노래하듯 구구단을 외우던 아홉 살의 어린 그가 내 앞을 스쳐 갔다. 그리고 지금 내 앞에는 모국어를 잃어버린 한 남자가 앉아 있다.

느닷없이 소복하게 쌓인 눈이 떠올랐다. 곧이어 보드랍게 쌓인

• **유폐(幽閉)되다** 아주 깊숙이 가두어져 놓이다.

눈들이 예고도 없이 갑자기 풀썩 **눈석임**하는 장면으로 이어졌다. 그의 생각과 언어 사이에 벌어진 균열, 그 틈으로 생겨 버린 허공의 무게가 그의 마음을, 그가 쌓아 올린 천진한 어린 날을 스러지게˚ 했겠지.

 구구단만은 그에게 소멸되지 않은 기억이자 말이었다. 그것이 기어코 그를 한국으로 돌아오게 했을 것이다. 그는 다시 한국어를 배우고 싶다고 말했다. 나는 그러자고, 눈석임한 그의 시간을, 그의 말들을 그러모아 다시 쌓아 보자고 힘주어 고개를 끄덕였다.

• **스러지다** 형체나 현상 따위가 차차 희미해지면서 없어지다.

구구단만은 그에게
소멸되지 않은 기억이자 말이었다.
그것이 기어코 그를 한국으로 돌아오게 했을 것이다.
그는 다시 한국어를 배우고 싶다고 말했다.
나는 그러자고, 눈석임한 그의 시간을, 그의 말들을 그러모아
다시 쌓아 보자고 힘주어 고개를 끄덕였다.

사라짐을 부르는 순우리말

사라진다는 것은 시간이 가져다주는 변화다. 그것은 새로운 변화 속 설렘이 되기도 하고, 감당 못 하게 시린 소멸이 되기도 한다. 사라져 버린 그의 기억과 언어를 생각하며 내가 떠올린 단어는 **'눈석임'**이었다.

눈석임은 쌓인 눈이 속으로 녹아 스러진다는 뜻이다. 겉으론 내색 한번 하지 않으며 속에서부터 녹아내리다 어느 날 풀썩 무너져 버리고 마는 것. '눈석임'이라는 단어 앞에서는 어쩐지 힘들었을 마음을 알아주지 못해서 미안하다고 말하고 싶어진다. 동사로는 **'눈석임하다'**라고 쓴다.

'석다'도 쌓인 눈이 속으로 녹는다는 뜻으로 '눈석임하다'와 같은 뜻이다. 다만 '석다'에는 담근 술이나 식혜 따위가 익을 때 괴는 물방울이 속으로 사라진다는 뜻도 들어 있다. 무언가를 이루기 위해 향하는 과정에서 생겼다 사라지는 노력의 흔적들이 '석다'에 담겨 있다.

모닥불이 기세 좋게 타오르다 기운을 다하는 순간 사그라드는 것도 어쩐지 애잔하다. 불에 타 사그라져 재가 되는 것을 이르는 말로 **'사위다'**가 있다. 불기운이 약해져 사라져 버린다는 뜻으로 **'스러지다'**도 있다. '스러지다'는 차차 희미해지면서 없어진다는 뜻을 일차적으로 갖는데, 사라짐과 관련된 다양한 상황에서 쓰인다. 동틀 무렵 어둠이 차차 사라질 때도, 바람이나 소리가 차차 누그러들 때도, 생각이나 감정이 점차 사라질 때도 쓴다. 이와 비슷하게 **'슬다'**도 쓸 수 있다.

생명에 있어 사라진다는 것은 무엇을 의미할까? 생기를 잃고 종국엔 죽음을 맞이하는 것을 의미할까? 생기가 사라진 생명, 그중에서도 식물에 대해 생각해 본다. 식물은 하루하루의 생기에 대해 거짓말하지 못한다. 햇빛과 물로 생기를 부여받았는지, 보살핌을 받았는지를 잎의 생동감으로 여실히 드러낸다.

생기가 사라진 식물에 어떤 단어를 쓸 수 있을까? 먼저 **'새들하다'**, **'새들거리다'**, **'새들대다'**를 들 수 있겠다. 이들은 모두 조금 시들면서 차차 생기가 없어질 때 쓴다.

집을 비워 며칠 돌보지 못해 풀죽은 내색을 내비치는 식물은 또 어떤가? 기운을 못 차리고 생기가 없어졌다는 뜻으로 '시르죽다'를 떠올릴 수 있겠다. **'시르죽다'**의 '시르다'의 어원은 정확히 알 수 없지만 '시들다' 또는 '실'과 관련한 것으로 보인다. 어디에서 비롯되었든 가늘고 힘이 없고 약하다는 뜻을 가진다고 생각하면 되겠다. 앞서 살펴본 '스러지다'도 생명이 다해 죽거나 시든 식물에 쓸 수 있다.

'스러지다'와 '시르죽다'를 떠올리면 짝처럼 함께 생각나는 단어가 있다. '이울다'이다. **'이울다'**는 주로 생명이 다해 갈 때 쓴다. 꽃이나 잎이 시들 때, 점점 약해질 때 쓴다. 보통 인식하지 못하고 살아가지만, 매일 우리를 찾아왔다 약해지며 사라지는 해와 달의 빛이 있다. 밝아 오는 새벽녘에 흐릿해

가는 달빛에 '이울다'라는 이름을 붙여볼 수 있다.

　서서히 사라지지 않고 우리 눈앞에 아주 잠깐 나타났다 사라지는 것들도 있다. 무언가가 자꾸 나타났다 사라져 성가시다 느껴질 때 우리는 **'알씬거리다'**를 쓸 수 있다. **'알씬대다'**, **'알씬알씬하다'**가 모두 같은 뜻으로 쓰인다. '다시는 내 앞에 알씬대지 말라'거나 '파리 한 마리가 알씬거려서 거슬린다'와 같이 성가시다는 뜻이 내포되는 상황에서 쓰면 적절하다.

　사라짐을 말하기 위해서는 먼저 나타남이 우선되어야 한다. 어떤 것이 잠깐 나타나거나 생각이 문득 떠오를 때 우리는 '언뜻'이라는 부사를 사용해 왔다. 그렇다면 잠깐 나타났다 사라질 때 쓰는 순우리말에는 무엇이 있을까? '언뜻'에서 출발한 **'언뜻번뜻'**이 있다. 언뜻번뜻은 어떤 대상이 너무 멀리 있어서, 혹은 흐릿해서 나타났다 사라졌다, 보였다 보이지 않았다 여러 차례 반복할 때 쓴다. 나타났다 사라질 때 쓰는 또 다른 순우리말도 있다. **'피뜩'**, **'피뜩하다'**이다. 피뜩은 역시 갑자기 나타났다 사라질 때 주로 쓴다.

　사라진다는 것은 맺고 끊고가 명확하지 않을 때가 흔하다. 나도 모르는 사이에 흐지부지 사라져 버릴 때가 많다. 이때 쓸 수 있는 말은 **'헤실바실하다'**이다. 굳게 한 맹세도, 간절히 바랐던 꿈도 헤실바실 사라져 버릴 때가 우리 인생에서 얼마나 많았던가.

　흔적조차 찾을 수 없이 감쪽같이 사라져 버리는 것만큼 허망한 일이 있을까. 찾을 길 하나 없다면 더더욱 그럴 것이다. 감쪽같이 사라져 버리는 것을 이르는 말이 있다. **'가뭇없다'**이다. 가뭇없이 사라진 그의 말이, 그의 한국어는 지금쯤 되살아났을까.

우리말 뜻풀이

눈석임 `명` 쌓인 눈이 속으로 녹아 스러짐.

눈석임하다 `동` 쌓인 눈이 속으로 녹아 스러지다.

석다 `동` 쌓인 눈이 속으로 녹다. / 담근 술이나 식혜 따위가 익을 때 괴는 물방울이 속으로 사라지다.

사위다 `동` 불이 다 타고 사그라져 재가 되다.

스러지다 `동` 형체나 현상 따위가 차차 희미해지면서 없어지다.

슬다 `동` 형체나 현상 따위가 차차 희미해지면서 없어지다. / 몸에 돋았던 부스럼이나 소름 따위의 자국이 사라지다.

새들하다/새들거리다/새들대다 `형` 조금 시들면서 차차 생기가 없어지다.

시르죽다 `동` 기운을 못 차리고 생기가 없어지다.

이울다 `동` 꽃이나 잎이 시들다. / 점점 쇠약하여지다.

알씬거리다/알씬대다/알씬알씬하다 `동` 작은 것이 잇따라 눈앞에 잠깐씩 나타났다 없어지다.

언뜻번뜻 `부` 갑자기 나타났다가 사라지는 모양.

언뜻번뜻하다 `동` 갑자기 나타났다가 사라지다.

피뜩 `부` 어떤 모습이나 생각이 갑자기 나타났다 사라지는 모양.

피뜩하다 `동` 어떤 모습이나 생각이 갑자기 나타났다 사라지다.

헤실바실하다 `동` 모르는 사이에 흐지부지 없어지다.

가뭇없다 `형` 눈에 띄지 않게 감쪽같다. / 보이던 것이 전혀 보이지 않아 찾을 곳이 감감하다.

08 ● 　　　기다릴 수밖에 없는 그것　　　　✵

내밀힘
밖이나 앞으로 밀고 나아가는 힘

　동남아에서 기록적인 무더위가 이어지고 있다는 기사 제목을 보았다. 무심결에 제목을 클릭하고선 기사를 쓱쓱 스크롤해 내려갔다. 언제부턴가 '기록적인', '역대 최고치', '이상 기후' 등과 같은 단어들에 무덤덤해진 데다 동남아라는 지역이 주는 물리적인 거리감은 기사의 현실감을 한층 흐릿하게 만들었다. 그러다 불현듯 내 시선이 멈춰 서게 됐는데, 그곳은 다름 아닌 기사 속 한 장의 사진 앞에서였다.
　사진 속에는 쪽배를 탄 뱃사공이 있었다. 얼핏 평범해 보이는 사진에 내 눈길이 걸음을 멈춘 것은 배를 빼곡히 둘러싼 '어떤' 것들 때문이었다. 좁다란 쪽배를 촘촘하게 휘두르고 있던 '어떤' 것은 바로 죽은 물고기 떼였다. 살인적인 무더위로 저수지가 말라 수

십만 마리의 물고기가 폐사하고 만 것이었다. 얕은 수면 위, 생의 마지막을 고하는 물고기 떼들은 서로의 몸을 포갠 채 한량없이 떠 있었다.

　쨍하게 내리쬐는 명랑한 햇빛 아래 죽은 물고기 떼가 뿜어내는 음울한 기운은 기묘한 대비를 일으켰다. 금방이라도 쪽배를, 사공을 삼켜 버릴 것 같았다. 한때 낚싯대 하나로 권력을 휘둘렀을 사공은 온데간데없었다. 그는 이제 잔뜩 옹송그린* 채 물고기 떼가 점점 좁혀 오는 포위망을 아득하게 바라보고 있을 뿐이었다.

　수십만 죽음 앞에 위태롭게 선 하나의 삶. 한 장의 사진 속에 담긴 뱃사공의 무력감이 선명하게 전달됐다. 사공은 밀짚모자를 푹 눌러쓴 채 죽은 물고기를 각근히* 걷어 내고 있었지만, 물고기 떼에 압도당한 그는 이미 조락*의 길을 걸어가고 있었다.

　매년 반복되는 일상의 더위쯤이야 동남아 사람들에게 별일이 아니겠지만, 올해는 달랐다. 연일 40도를 넘나들며 역대 최고 기온을 갱신했고, 폭염과 가뭄으로 저수지는 바닥을 드러냈다. 학교는 문을 닫았고, 사람들은 더위로 허망하게 죽어 갔다. 사람들은 절박해졌을 것이다. 한 계절의 시간이 채 지나기도 전에 폐사한 물고기가 썩어 가는 냄새가 온 마을 곳곳으로 번져 가고, 더위로 죽음을 맞이하는 이웃들을 목격하게 되었으니. 죽음은 마을 곳곳을 부유하기 시작했을 것이다. 일어나지 말아야 할 일들이 일어나고야 만

- **옹송그리다** 춥거나 두려워 몸을 궁상맞게 몹시 옹그리다.
- **각근(恪勤)히** 부지런히 힘쓰고 정성을 다하여.
- **조락(凋落)** ① 초목의 잎 따위가 시들어 떨어짐. ② 차차 쇠하여 보잘것없이 됨.

순간, 그들은 무엇을 할 수 있었을까. 불어닥친 더위를 굴복시킬 수 있었을까 혹은 달랠 수 있었을까.

결국, 이 참혹한 기사는 '기도'와 '기우제', 두 단어로 마무리됐다. 무더위와 가뭄이 걷잡을 수 없이 심해진 태국 나콘사완주의 한 마을에서는 기우제를 지냈고, 필리핀 가톨릭 주교들은 신도들에게 기도를 부탁했다고 한다. 막스 베버는 말했다. '탈주술화'야말로 현대 사회의 가장 중요한 특징이라고. 그러나 그는 틀렸다. 은결든* 사람들은 기우제를 지내고 기도하며 속절없이 신께 빌었다. "이 시간, 당신의 사람들의 생명과 생계를 위협하는 극도의 폭염에서 우리를 구해 주시기를 겸허하게 요청합니다. 우리에게 다시 비를 내리소서"라고.

삶은 언제나 뜻대로 되지 않았다. 무죄한 사람들이 고통 앞에서 무릎을 꿇어야 하는 비정함이 인생에는 늘 깔려 있지 않았던가. 까닭 모를 불행과 슬픔은 삶 속에서 끝없이 재생산되어 반복된다는 사실 앞에서 우리는 무엇을 할 수 있단 말인가. 대항이라는 걸 할 수나 있단 말인가. 연유도 모른 채 닥쳐 버린 불행이 몰고 오는 고통 속에서 사람들이 종국에 붙잡을 수 있는 것은 간절하고 절박한 기도밖에 없었다. 완고한 자연이 계산해 둔 거대한 섭리 앞에서 나약한 인간이 기댈 곳은 신에게 혹은 대상조차 불분명한 그 누군가에게 드리는 간곡한 간청뿐이다.

무정한 신은 인간의 기도를 들어줄까. 그들의 겸허한 기도가 받

• **은결들다** ① 상처가 내부에 생기다. ② 원통한 일로 남모르게 속이 상하다.

아들여질지 아닐지 우리는 알지 못한다. 그러나 분명한 사실은 간절한 바람이 결국 이루어지지 않는다고 해도, 그 사실을 안다고 하더라도 기도 외에는 달리 도리가 없다는 것이다. 절실한 기도가 이루어질지도 모른다는 실낱같은 기대, 모든 것이 제자리로 돌아갈 거란 맹목적인 믿음은 **내밀힘**을 갖고 우리를 살아 내게 하니까. 한 걸음씩 내디뎌 기다림의 시간을 버텨 가는 마음은 우리를 조금 더 단단하게, 어느 먼 시간으로 데려다 놓을 것이다. 애면글면하던˚ 지난날들이 가뭇없이 잊힐, 우리가 조금 더 자라난 그 어느 시간으로.

    인디언 기우제라는 말이 있다. 인디언들이 기우제를 지내면 반드시 비가 온다는 말이다. 인디언들의 기우제가 특별히 영험해서˚ 비가 내린 것은 아니다. 그들은 그저 비가 올 때까지 계속 기우제를 지냈을 뿐이다. 시간을 삼켜내다 보면 운 좋은 어느 날이, 바라고 바라던 소망이 돌연 도착할 거라는 믿음으로.
    비가 오기를 비는 의식, 기우제는 기다림의 또 다른 이름일지도 모르겠다. 온 마음을 다해 기도하는 그 마음에는 고통을 조용히 수용하지만 그것에 승복하여 좌절하지는 않겠다는 마음, 불투명한 희망을 품고서라도 그곳을 기껍게 관통해 나가겠다는 의지가 담겨 있다.
    피할 수 없는 고통 앞에서 우리가 가질 수 있는 것은 '고작' 기도에 기댄 마음밖엔 없다고, 그 마음은 우리 심중에서 여태 사라지지

- **애면글면하다** 몹시 힘에 겨운 일을 이루려고 갖은 애를 쓰다.
- **영험(靈驗)하다** 사람의 기원대로 되는 신기한 징험이 있다.

않은 주술적 사고의 부스러기에 지나지 않는 미욱한* 것이라 여길 수도 있다. 그러나 우리는 그 마음을 '고작'이라는 말로 부를 순 없다. 작고 간절한 기도와 가느다란 희망에 기대어 살아가는 우리의 무수한 날들 때문이다. 한없이 고단하지만 징검다리를 건너듯 하루를 건너대어* 내일로 도달하는 고귀한 일. 그렇기에 우리는 그 마음 앞에 '고작'이란 말을 세워 둘 순 없다.

- **미욱하다** 하는 짓이나 됨됨이가 매우 어리석고 미련하다.
- **건너대다** 물을 건너서 반대편에 도달하다.

한 걸음씩 내디뎌 기다림의 시간을 버텨 가는 마음은 우리를 조금 더 단단하게, 어느 먼 시간으로 데려다 놓을 것이다. 애면글면하던 지난 날들이 가뭇없이 잊힐, 우리가 조금 더 자라난 그 어느 시간으로.

> **기대와 실망을 부르는 순우리말**

삶에서 크고 작은 어려움을 맞닥뜨렸을 때 우리는 무엇을 할 수 있을까? 처음에는 내게 생긴 불행한 일들과 상황을 부정하다 불운한 현실이 점차 또렷해져 가면, 왜 내게 이런 일이 일어났을까와 같은 분노와 자책으로 이어진다. 그렇게 마음은 부서져 버리고 우리는 한동안 마음을 탕진한다. 그러나 다행인 점은 우리는 언제까지고 부서진 마음 끝에 위태롭게 머물러 있지 않다는 것이다. 우리의 마음속에는 내게 일어난 모든 일들을 겸허히 받아들일 용기가, 새로운 날에 대한 가느다란 기대와 소망이 생겨나기 때문이다. "인간은 모두 부서져 있다. 그렇게 안으로 빛이 들어온다"라는 헤밍웨이의 말처럼.

무너지고 일어서기를 반복하는 삶. 그 삶을 알아가려면 실망하고 기대하는 우리 삶의 순간을 살펴보아야겠다. 견디기가 힘들고 만만하지 않다는 뜻의 **'대근하다'**부터 출발해 본다. '하루하루를 살아내는 일은 대근한 일임에 분명하다'라고 쓸 수 있겠다. 비슷한 뜻으로 **'각다분하다'**도 있다. 역시 일을 해 나가기가 힘들고 고되다는 뜻이다.

고달픈 하루가 쌓여 가고 예상하지 못한 불운이 찾아오면 우리의 마음에는 깊은 상처가 생기고 만다. 억울하고 안타까운 일로 남모르게 마음이 다쳤을 때 **'은결들다'**라는 단어를 꺼내 볼 수 있다. 얼마 전 '가족 잃은 고통, 우리 아니면 누가'라는 기사 제목을 본 적이 있다. 그렇다. 슬픔으로 깊이 걸어가야 했던 이들의 마음, 은결든 사람들의 그 저미는 마음은 그 길로 걸어가 본 사람만이 안다.

　　우리는 종종 삶이 패어 놓은 **허방**에 빠질 때도 많다. 발을 잘못 디뎌 허방을 짚고야 마는 때가 우리에겐 늘 온다. '허방'은 '땅바닥이 움푹 패어 빠지기 쉬운 구덩이'를 뜻한다. 허방에 발이 좀 빠지면 어떤가. 툭툭 털고 앞으로 발을 내디디면 그만이다. '허방을 치다'라는 관용구도 알아 두면 좋겠다. 바라던 일이 실패로 돌아갔다는 뜻이다. '허방 짚다'라는 말도 있다. '허방 짚다'는 잘못 예상해서 일을 실패하게 된 것을 이르는 말이다.

　　이번에는 기대하는 마음을 찾아가 보자. 마음속으로 그 일이 이루어지기를 기대하며 잔뜩 벼르고 있을 때 **'장대다'**라는 단어를 쓸 수 있다. '그는 이번 취업 기회를 놓치지 않으려고 장대고 있다'라고 쓴다. 또 기대하는 바를 이루기 위해서는 마지막까지 마음을 단단히 다잡아야 할 때는 어떨까? **'도스르다'**를 쓴다. '마음을 도슬러 가며 끝까지 해내자'라고 쓰면 되겠다.

　　그러나 기대하고 마음을 다잡는다고 모든 일이 다 잘되진 않는다. 목적한 것을 이루지 못한 채 헛되게 기다릴 때 **'헛기다리다'**를, 바라던 일이나 소망이 틀어졌을 때 **'산들다'**를 쓴다. '궂은 날씨 탓에 계획했던 행사가 산들고 말았다'라고 쓸 수 있다.

한편 기대하는 반응을 일으키지 못했을 때를 표현하는 순우리말 **'데시근하다'**도 있다. '생각보다 결과가 나쁘지 않아서 그가 좋아할 줄 알았는데 그렇게 데시근하게 나올 줄은 몰랐어'와 같은 문장을 생각해 볼 수 있다. 결과를 바라지 않고 시험 삼아 어떤 일을 할 때 쓰는 말도 있다. **'에멜무지로'**이다. '에멜무지로 나간 대회에서 그는 금상을 수상했다'라고 쓴다.

나는 언제나 꿈꾸고 기대하고 바란다. 물론 결과는 늘 제멋대로다. 결과란 건 결코 알 수 없는 어떤 곳에 숨어 있다 예상하지 못한 모습으로 내 앞에 불쑥 나타나는 녀석이므로. 그러나 나는 기대하고 꿈꾸기를 멈추지 않을 것이다. 실망해도 괜찮다. 온 마음을 담아 읽고 쓰며 살아낸 오늘, 이 하루가 내게 단단한 **내밀힘**이 되리란 건 변함없는 사실이기 때문이다.

○ 우리말 뜻풀이

대근하다 〔형〕 견디기가 어지간히 힘들고 만만하지 않다.
각다분하다 〔형〕 일을 해 나가기가 힘들고 고되다.
은결들다 〔동〕 상처가 생기다. / 원통한 일로 남모르게 속이 상하다.
허방 〔명〕 땅바닥이 움푹 패어 빠지기 쉬운 구덩이.
장대다 〔동〕 마음속으로 기대하며 잔뜩 벼르다.
도스르다 〔동〕 무슨 일을 하려고 벌러서 마음을 다잡아 가지다.
헛기다리다 〔동〕 목적한 것을 이루지 못하고 헛되게 기다리다.
산들다 〔동〕 바라던 일이나 소망이 틀어지다.
데시근하다 〔형〕 기대하는 반응을 일으키지 못하고 미적지근하다.
에멜무지로 〔부〕 결과를 바라지 아니하고 헛일하는 셈 치고 시험 삼아 하는 모양. / 단단하게 묶지 않은 모양.
내밀힘 〔명〕 밖이나 앞으로 밀고 나아가는 힘.

09 내가 도서관을 좋아했던 이유

바람꽃
큰바람이 일어나려고 할 때
먼 산에 구름같이 끼는 뽀얀 기운

바람이 거세게 불었다. 부슬부슬 흩날리던 비는 차가운 바람에 이내 싸라기눈으로 변했다. 몸을 눕혀 사정없이 내리치는 바람에 눈발은 사선을 그리며 차창으로 미끄러졌다. 와이퍼가 부지런히 움직였다. 사나운 바람 소리, 그리고 노면과 타이어의 마찰음이 한데 뒤섞여 소란스럽게 웅웅거렸다.

날이 궂은 평일 오전의 고속도로는 한산했다. 진눈깨비가 사위를 희뿌옇게 적셨던 어느 겨울, 우리는 속초로 향하고 있었다. 며칠 전 《우리가 작별 인사를 할 때마다》를 읽다 밑줄 그었던 문장을 떠올렸다. "특별할 것 없는 일로서, 그저 하나의 사실로서 '지금 나는 안개 속을 헤매고 있어요. 안개는 곧 흩어질 거예요'라고 말하는 건 얼마나 위로가 되는 일인지"라는 문장.

한 시간쯤을 내리 달리고 나니 거짓말처럼 날이 개었다. 안개가 흩어지자 푸르스름하게 창백한 겨울 하늘이 비쳤다. 소란스럽던 날씨가 잠잠해져 다행이라는 말을 주고받다가 우리들의 대화는 저 하늘색 좀 봐봐, 구름 좀 봐 같은 이야기들로, 곧이어 어떤 날의 기억으로 이어졌다.

"내가 대학생 때 말이야. 도서관에서 거의 살다시피 했거든. 수업 마치고 도서관, 아르바이트 끝나고 다시 도서관. 그때 내가 좀 범생이었잖아. 정말 열심히 공부했다, 나. 리포트에 쓸 자료 찾다가 희귀한 고서 발견하면 그게 그렇게 기쁘더라고.

근데 지금 와 생각해 보니까 도서관에 열심히 갔던 게 꼭 공부 때문만은 아니었다 싶은 거야. 내가 제일 좋아하던 곳이 도서관 꼭대기 층이었는데, 거기에 한쪽 벽을 가득 채울 만큼 커다란 원창˚이 있었거든. 나는 매일 2, 3층 열람실에서 책을 찾아 들고는 5층으로 올라갔어. 그리고는 그 커다란 원창을 마주 보고 앉았지. 정신없이 책을 읽다 보면 어느새 책장에 붉은 주홍빛이 내려앉아 있곤 했거든. 그때 고개를 들어보면 창 너머로 해가 지고 있었어. 도서관 창이 마치 스테인드글라스인 것처럼 노을이 창 구석구석 색색이 눈부시게 비쳐 쏟아졌어. 그 순간이 되면 나는 어떤 힘을 얻곤 했던 것 같아. 신성하고 경건한, 어떤 단단한 힘 같은 거.

나는 노을이 저 멀리서 사라질 때까지 물끄러미 바라보고 있었

- **원창(圓窓)** 틀을 둥글게 짜서 만든 창. 장식용 창으로 주택과 공공건물의 문, 장식 홀 따위와 지붕에 쓴다.

어. 잔잔히 새어 나오던 오렌지빛 잔광이 빛을 완전히 잃을 때까지. 창밖이 어둠 속으로 빈틈없이 잠겨 버릴 때까지. 바깥이 캄캄해지고 나면 책상에 책을 펼치고 앉은 내 모습이 창에 불쑥 나타났지. 거기에 비친 내 모습을 보는 게 반가웠어. 종일 내 얼굴을 제대로 보지 못하던 때였으니까. 그때 나는 내게 이런 말들을 해 주곤 했어. 오늘 하루도 수고했네, 잘하고 있어, 너 오늘 예쁘네, 같은 말들. 들을 일 없던 그런 말들을 도닥도닥* 내게 해 주었던 그 순간을 나는 좋아했던 거더라."

깨닫지 못했지만 나는 아주 오래전부터 자연으로부터 어떤 위로와 희망 같은 것들을 받아 왔구나. 나는 아직 자연의 거대한 섭리 같은 것은 잘 모르지만(안다 해도 중년의 전유물 같은 그것들을 영영 모르는 척하고 싶지만), 하늘과 구름과 바람, 노을 같은 것들은 아무렴 어떠냐고 그간의 나를 틈틈이 위로해 온 것은 분명했다.

바람은 여전히 불어치고 있었다. 바람이 안개를 걷어 내자, 눈안개*에 희뿌옇게 뒤엉켜서 보이지 않던 산이 저 멀리서 서서히 모습을 드러냈다. "저기 보여? 저기 저 먼 산에 뽀얗게 낀 거 말이야." "저거 뭐라고 하는지 알아? 내가 힌트 줄까?" "바람이 뽀얀 기운들을 모아서 먼 산에 새하얀 꽃을 둘러 놓은 거야." "답 알려줄까?" "**바람꽃**이래, 바람꽃. 이름 너무 예쁘지."

우리가 고속도로를 달리는 내내 바람꽃은 저 멀리서 끝없이 일

- **도닥도닥** 잘 울리지 아니하는 물체를 잇따라 가볍게 두드리는 소리. 또는 그 모양.
- **눈안개** 눈이 내릴 때 마치 안개처럼 자욱하게 보이는 상태.

고 있었다. 이렇게 예쁜 이름은 어떻게 만들어졌을까? 바람꽃처럼 보얗고* 부드러운 사람이 지었을까? 이런 생각들을 하며 우리는 미시령 톨게이트를 빠져나갔다.

* **보얗다** ① 연기나 안개가 낀 것처럼 선명하지 못하고 조금 하얗다. ② 살갗이나 얼굴 따위가 하얗고 말갛다.

바람, 안개, 노을을 부르는 순우리말

곰곰이 돌이켜 보면 그동안 우리가 맞았던 바람은 계절과 날씨에 따라 제각각 다른 촉각으로 우리를 스치고 지나갔다. 바람을 표현하는 다양한 순우리말을 살펴보면서 그동안 어떤 바람들이 우리를 스쳐 갔는지 기억을 떠올려 본다.

먼저 계절에 따라 달리 부는 바람을 살펴보자. 봄이 되면 따사롭고 부드러운 바람이 불어온다. 꽃이 피는 봄에 부는 바람을 뭐라고 부르면 좋을까? 말 그대로 **'꽃바람'**이라 한다. 화창한 날 부드럽게 살랑살랑 부는 바람도 있다. 이런 바람은 **'명지바람'**이다. 불어오는 명지바람을 맞으면 마음이 화사해진다. 명지바람은 잔뜩 찌푸렸던 마음 한구석에도 설렘을 둥실둥실 떠오르게 하는 마력이 있다.

여름 바람에는 어떤 바람이 있을까? 여름에 부는 바람은 차라리 안 부는 게 낫겠다 싶을 때가 많다. 바닷바람이라면 그나마 나은데, 이글이글 달아오른 육지에서 훅하고 후덥지근한 바람이 불어올 때는 어떤가. 숨이 턱턱 막힌다. 이런 바람을 우리는 **'땅바람'**이라고 부른다.

땅바람이 부는 지난한 여름이 지나갈 즈음에는 선선한 가을바람이 살랑 불어온다. 이른 가을에 부는 시원한 바람을 **'색바람'**이라고 한다. 색바람이 불어와서 선선해진 날을 표현하는 순우리말 **'상크름하다'**도 함께 알아 두면 좋겠다.

청량한 가을이 지나면 곧 추위가 몰아닥치는데, 살을 에는 듯 매섭게 부는 차가운 바람을 두고 **'매운바람'**, **'고추바람'**이라고 한다. 추운 겨울, 손발이 꽁꽁 얼고 귀가 얼얼해지는 것이 마치 매운 음식을 먹었을 때 느끼는 통각과 유사하니 매섭게 추운 바람을 '매운바람', '고추바람'이라 이름 붙였을 것이다.

기온과 관계없이 부드럽고 가볍게 살랑거리며 부는 바람이 있다. 그런 바람을 **'간들바람'**이라고 한다. 비단결처럼 부드럽고 하르르하게 스쳐 가는 바람이다. '간들바람'과 함께 바람이 부드럽고 가볍게 살랑살랑 분다는 뜻의 **'간들거리다'**도 함께 알아 두자.

스쳐 가기만 해도 기분 좋은 '간들바람'과 달리 인상을 찌푸리게 하는 바람도 있다. 비포장도로를 지나가는데 자동차 한 대가 휑 하고 옆을 지나가면 어떨까? 바람에 먼지가 풀풀 날릴 것이다. 이때 이는 바람을 말 그대로 **'먼지바람'**이라고 한다. '버스가 먼지바람을 일으키며 지나갔다'라고 쓸 수 있겠다.

우리는 눈으로 바람 그 자체를 볼 수 없지만 바람이 지나간 자리나 흔적은 언제나 또렷이 볼 수 있다. 바람에 휘날리는 나뭇잎이라든지, 비나 눈이 바람을 타고 이리저리 방향을 달리하는 것을 볼 때 그렇다. 바람이 부는 방향을 이르는 순우리말 **'바람결'**을 기억해 두자. 그렇다면 바람이 불어오거나 지나가는 길은 뭐라고 할까? '**바람길**'이다.

바람결, 바람길과 함께 알아 두면 좋을 순우리말 '**바람꽃**'이 있다. 큰바람이 일어나려고 할 때 먼 산에 구름같이 끼는 새하얀 기운을 표현한 말이다. 바람이 꽃을 피우듯 만들어 낸 하얀 기운, 바람꽃. 바람꽃이야말로 순우리말이 얼마나 아름다운지 보여 주는 대표적인 단어가 아닐까.

한편 해안에서 아침과 저녁 무렵 해풍과 육풍이 바뀌는 순간 바람이 잠잠해질 때가 있다. 바람이 잠시 멎는 현상을 '**아침뜸**' 또는 '**저녁뜸**'이라고 한다.

이번에는 바람 부는 상황을 다양하게 표현해 주는 순우리말을 알아보자. 날은 흐린데 바람기가 없는 날이 있다. 이런 날을 우리는 '**잠포록하다**'라고 말한다. 반면에 바람이 세차게 부는 날을 표현할 때 쓸 수 있는 순우리말로는 '**휘불다**', '**불어치다**'가 있다.

바람이 어떤 방향으로 부느냐에 따라 쓰는 동사가 달라진다. 위를 향해 세차게 불 때는 '**치불다**', 바람이 안쪽으로 불 때는 '**들이불다**'를 쓴다. '들이불다'는 바람이 매우 세차게 분다는 뜻도 가지고 있다.

속초로 향하던 길, 진눈깨비가 날리는 내내 눈안개가 자욱하게 끼어 있었다. 안개를 뜻하는 순우리말에는 어떤 것이 있을까? 먼저 엷게 낀 안개를 알아보자. 가느다랗게 안개가 끼어 있는 상태를 '**실안개**'가 끼었다고 말한다. 비가 내리듯이 사위에 자욱하게 낀 안개도 있는데, 이런 안개를 '**비안개**'라고 한다. '비안개'는 비가 쏟아질 때 주위가 뿌예지는 현상에도 쓸 수 있다.

그렇다면 저 멀리 마치 구름처럼 보이는 안개는 뭐라고 하면 좋을까? 정답은 쉽게 맞힐 수 있다. 말 그대로 **'구름안개'**이기 때문이다. 안개는 지표면 온도가 낮아지는 새벽에 자주 낀다. 이처럼 새벽에 끼는 안개를 **'새벽안개'**라고 한다. 한밤중 호수에서 피어오른 안개가 달빛에 비쳐 보일 때 혹은 뿌연 달빛이 멀리서 안개처럼 보일 때는 **'달안개'**라고 부른다. 바다 위에 낀 짙은 안개는 **'해미'**라고 한다. '이른 아침부터 낀 해미 탓에 부둣가 앞이 하나도 보이지 않았다'라고 쓰면 되겠다.

한편 안개가 잔뜩 끼어 있는 상황은 어떻게 표현할까? **'자우룩하다'** 또는 **'자오록하다'**라고 한다. 안개는 언제나 고요한 느낌을 준다. 이 두 단어에도 고요함이 깃들어 있다. 보통 새벽안개는 해가 뜨고 대기가 따듯해지면 흩어져 사라지는데, 안개가 흩어져 날이 맑게 갠다는 뜻의 **'벗개다'**도 알아 두자.

이번에는 노을을 표현하는 순우리말을 찾아가 보자. 매일 해가 뜨고 지는 사실은 변함없지만, 해가 만들어 내는 잔광의 빛깔은 매 순간순간 다르다. 먼저 노을이 질 때 생기는 불그스름한 빛을 통칭하는 말로 **'노을빛'**을 알아 두자. 노을빛이 유난히 형형색색 찬란하고 아름다운 날이 있는데, 이런 날의 노을을 **'꽃노을'**이라고 한다.

바다에서 지는 노을을 본 적 있을 것이다. 저무는 해가 펼쳐 내는 빛들이 수평선에서 반짝일 때, 그 노을을 **'까치놀'**이라고 한다. 해 질 무렵 붉은빛이 점점 사그라들며 푸르스름하고 흐릿흐릿한 기운이 저 멀리 비칠 때는 **'이내'**라고 부른다. '이내가 보일 무렵 놀이터에서 놀던 아이들은 하나둘 집으로 돌아갔다'라고 쓸 수 있다.

매 순간 달라지는 자연의 풍광을 순우리말은 이렇게나 세밀하게 포착해 표현해 낸다. 이 단어들을 우리가 다 품을 수 있다면, 떠올릴 수 있다면 우리가 보고 느끼는 세상은 얼마나 농밀하게 넓어질까. 우리가 순우리말을 한 번 더 찾아보고 사랑해야 하는 이유가 여기에 있다.

우리말 뜻풀이

꽃바람 몡 꽃이 필 무렵에 부는 봄바람.
명지바람 몡 보드랍고 화창한 바람.
땅바람 몡 육지에서 부는 후덥지근한 바람.
색바람 몡 이른 가을에 부는 선선한 바람.
상크름하다 혱 서늘한 바람기가 있어 좀 선선하다.
매운바람/고추바람 몡 살을 에는 듯 매섭게 부는 차가운 바람을 비유적으로 이르는 말.
간들바람 몡 부드럽고 가볍게 살랑살랑 부는 바람.
간들거리다 동 바람이 부드럽고 가볍게 살랑살랑 불다.
먼지바람 몡 무엇이 빠르게 지나가면서 먼지를 일으키는 것.
바람결 몡 일정한 방향으로 부는 바람의 움직임.
바람길 몡 바람이 불어오거나 지나가는 길.
바람꽃 몡 큰바람이 일어나려고 할 때 먼 산에 구름같이 끼는 뿌연 기운.
아침뜸 몡 아침 무렵 해안 지방에서 해풍과 육풍이 바뀔 때 한동안 바람이 잠잠해지는 현상.
저녁뜸 몡 저녁 무렵 바닷가 지방에서 해풍과 육풍이 바뀔 때 바람이 한동안 멎어 잠잠해지는 현상.
잠포록하다 혱 날이 흐리고 바람기가 없다.
잠포록이 부 날이 흐리고 바람기가 없이.
휘불다 동 바람이 마구 세게 불다.
불어치다 동 바람 따위가 세차게 불다.

치불다 통 바람이 아래에서 위를 향해 약간 세게 불다.

들이불다 통 바람이 매우 세차게 불다. / 바람이 안쪽으로 불다.

실안개 명 엷게 낀 안개.

비안개 명 비가 내리듯이 자욱하게 낀 안개. / 비가 쏟아질 때 안개가 낀 것처럼 흐려 보이는 현상.

구름안개 명 구름처럼 보이는 안개.

새벽안개 명 날이 샐 무렵에 끼는 안개.

달안개 명 달밤에 끼는 안개. 또는 뿌연 달빛 아래 먼빛이 안개처럼 보이는 것.

해미 명 바다 위에 낀 짙은 안개.

자우룩하다/자오록하다 형 연기나 안개 따위가 잔뜩 끼어 흐릿하고 고요한 느낌이 있다.

벗개다 통 안개나 구름이 흩어져 날이 맑게 개다.

노을빛 명 노을이 질 때 생기는 불그스름한 빛.

꽃노을 명 고운 색깔로 붉게 물든 노을을 비유적으로 이르는 말.

까치놀 명 먼바다의 수평선에서 석양을 받아 번득거리는 노을. / 울긋불긋한 노을.

이내 명 해 질 무렵 멀리 보이는 푸르스름하고 흐릿한 기운.

10 ● 마음을 전하는 여유

말긋말긋
생기 있는 눈으로 말똥말똥 쳐다보는 모양

    그해 11월, 나는 리스본행 비행기를 타고 있었다. 우연히 여행 블로그에서 리스본 사진을 보게 됐고, 이런 덴 어떻게 가지 하고 비행기표나 한번 찾아보자 했고, 그 후 크고 작은 어떤 결심을 거친 겨울 초입의 어느 날 나는 비행기를 타고 있었다.
    그 무렵 나는 지쳐 있었다. 전업 작가로 전향하고 몇 년을 줄곧 내달린 뒤였다. 나를 남김없이 모조리 다 써 버렸단 느낌이 투명하게 전해지던 때였다. 아는 이가 어디에도 없는 곳, 시답잖은 말을 아무렇게나 떠들어도 금세 묻히고 잊히는 곳, 오가는 사람들의 말을 조금도 알아들을 수 없는 곳으로 가고 싶었다. 그런 곳에서는 일상 속 내가 세운 목표에 대한 중압감과 미래를 향한 막막함 같은 것들을 신경 쓸 겨를이 없을 것 같았다. 낯선 곳에 익숙해지려는 노력만으로도 나는 분주할 테니까.

나의 여행은 그렇게 시작됐다. 낯선 공간으로 나를 잠시 이주시켜 버리기로. 당장 오늘을 살아내는 일에만 집중하겠다는 다짐으로.

여행 내내 나는 결심에 충실했다. 당장 오늘 하루는 어디에서 시간을 보낼 것이며, 뭘 먹어야 할지 공들여 고민했다. 이 생경한 길을 어디까지 무작정 걸어갈 것인가 고심했다. 거기까지 갔다간 방향 감각이라곤 한 톨도 갖고 태어나지 못한 내가 숙소까지 무사히 돌아올 수 없을지도 모른다는 자잘한 걱정도 드문드문했고. 어떻게 해도 아무렇지 않을 시시한 일들을 종일 진지하게 생각하며 나는 걷고 또 걸었다. 결심에 꼭 들어맞는 시간이었다.

일 생각은 내려놓는 게 애초 이 여행의 목적이었고, 완벽에 가까우리만큼 목적에 부합하는 시간이었다. 그럼에도 마음 한구석에는 여행지의 작은 오후 햇빛에도 영감들이 떠오르리라는 조그마한 기대를 했었다. 그러나 여행은 몇 가지 메모만을 겨우 남긴 채 끝나가고 있었다.

한국으로 돌아갈 시간이 다가오자 마음이 다시 어룽져* 오던 어느 늦은 오후, 나는 리스본 거리를 걷고 있었다. 거리는 오가는 사람들로 분주하게 북적였다. 그때 어떤 사람이 내 눈에 띄었다. 노란색 스카프를 머리에 두른 백발의 할머니였다. 할머니는 내 맞은

• **어룽지다** 어룽어룽한 점이나 무늬가 생기다.

편에서 느긋하게 걸어오고 있었다.

나는 멀찌감치 떨어진 곳에서부터 할머니를 내 시야에 붙잡아 두고 걸어갔다. 정면에서 걸어오고 있는 할머니와 부딪치지 않기 위해서였다. 우리의 간격이 서로의 어깨를 스쳐 갈 정도로 좁혀졌을 즈음 할머니와 내 눈이 마주 닿았다. 평소라면 서둘러 피했을 내 눈길이 그때만큼은 허공으로 도망치지 못하고 어딘가 꽁꽁 붙들리고 말았는데, 그곳은 다름 아닌 나를 바라보는 할머니의 **말긋말긋하고도** 따뜻한 미소였다.

세상의 모든 기쁨과 슬픔, 설렘과 기대 그리고 아픔들과 오래전에 깊이 화해한 것 같은 너른 미소. 예상치 못한 할머니의 미소는 봄볕으로 나긋하게 데워진 동그란 온기 같은 것이 되어 온 마음에 번졌다. 나도 할머니를 향해 미소를 지었다. 마음에 스며든 온기만큼 따뜻하고 환한 미소를 지어 보냈다.

며칠 후 나는 한국으로 돌아왔다. 일상으로 돌아온 내 마음속에는 전과 다름없이 크고 작은 돌멩이들이 굴러다니며 소음을 낸다. 백지 앞에 깜빡이는 커서를 보고 있는 중압감도 여전하다. 다만 달라진 점이 하나 있다면 길을 걷다 사람들과 눈이 마주쳐도 시선을 돌리지 않는다는 것이다. 따뜻한 시선에 깃털처럼 작고 보드라운 것들이 마음속에서 일어난다는 것, 찰나의 둥근 마음이 날 선 마음을 녹녹하게* 녹여 낸다는 것, 일상의 공간에 빛을 비춰 주는 것은 결국 이렇게 사소한 순간이라는 걸 알게 됐기 때문일 테지.

　리스본에서의 시간이 멀어질수록 할머니의 미소를 부러* 떠올린다. 낯선 이방인에게 봄볕 같은 다정한 미소를 환하게 나눠 줄 수 있는 여유는 어떤 마음에서 새어 나온 것일까. 그 마음의 온도는 얼마나 따듯할까 같은 질문들도 함께. 그리고 이런저런 대답도 내놓는다. 아마도 할머니는 '이런' 하루를 살았을 것이며 '그런' 날들이 쌓였을 거라고. 그랬기에 인생의 굴곡을 통과하면서도 따듯한 마음에서 멀어지지 않았을 것이라고.

　할머니의 하루를 상상해 보는 순간은 즐겁다. 아름다운 인생을 펼쳐 보는 일이라서 그럴 것이다. 그런 인생의 온도를 배우고 닮아 가고 싶다는 마음도 가지런히 꺼내 놓는다. 지극히 개인적이고도 진심 어린 나의 바람이 즐거운 상상 옆에 나란히 누워 있다.

- **녹녹하다** 물기나 기름기가 있어 딱딱하지 않고 좀 무르며 보드랍다.
- **부러** 특별한 의도로. 또는 마음을 내어 굳이.

찰나의 둥근 마음이
날 선 마음을 녹녹하게 녹여 낸다는 것,
일상의 공간에 빛을 비춰 주는 것은
결국 이렇게 사소한 순간이라는 걸 알게 됐다.

아마도 할머니는 '이런' 하루를 살았을 것이며
'그런' 날들이 쌓였을 것이다.
그랬기에 인생의 굴곡을 통과하면서도
따듯한 마음에서 멀어지지 않았을 것이다.

시선을 부르는 순우리말

　리스본에서 만난 할머니의 미소가 오래도록 마음에 남은 것은 할머니의 미소가 봄볕처럼 환하기 때문이기도 했지만, 무엇보다 미소에 담긴 생기 때문이었다. 게오르기 고스포디노프의 장편소설 《타임 셸터》에는 인생과 시간이 얼마나 도둑 같은 것인지에 대해 설명하는 부분이 나온다. 인생이나 시간이라는 강도는 어느덧 다가와 기억, 심장, 청력, 생기를 고르지도 않고 닥치는 대로 손에 넣어 앗아 간다고. 그것들 중에서 시간이 가장 먼저 빼앗아 가는 건 생기가 아닐까. 나이를 먹을수록 무뎌지는 감정과 텅 비어 가는 눈빛은 마치 세월이 할퀴고 간 흉터 자국 같다는 생각이 든다. 아마도 할머니는 시간이라는 강도가 호시탐탐 노렸을 생기를 단단히 지켜 오셨을 것이다. 맑고 온화하게 다듬어 낸 하루하루를 통해서.

　굴곡진 인생의 시간을 거치는 중에도 온존해 온 할머니의 눈빛, 그 다정하고 생기 있는 눈빛은 뭐라 부를 수 있을까? 생기 있게 맑고 환한 눈으로 누군가를 쳐다볼 때 **'말긋말긋하다'**라고 말한다. 부사로는 **'말긋말긋'**이라 한다. '말긋말긋하다'는 15세기 문헌에서부터 발견되는데, '맑다'의 '맑-'

에 명사를 만드는 접미사가 결합돼 만들어진 단어다. 즉 '말긋말긋하다'에는 '맑다'의 의미가 들어 있는 것이다.

생기 있는 눈빛을 표현하는 다른 말로 **'말똥대다'**, **'말똥말똥하다'**가 있다. 맑고 생기 있는 눈빛으로 쳐다본다는 뜻이다. 눈을 똑바로 뜨고 오도카니 한 곳만 바라보는 모양을 표현하는 순우리말도 있다. 부사 **'말끄러미'**이다. '그는 아무것도 하지 않고 말끄러미 허공만 바라보고 있었다'와 같이 쓴다.

'말끄러미'를 소리 내어 읽다 보면 생각나는 또 다른 단어가 있을 것이다. 바로 **'물끄러미'**이다. '물끄러미'는 우두커니 한 곳을 바라본다는 뜻으로 '말끄러미'와 유사하지만 '말끄러미'보다 좀 더 멍하게, 멀거니 어딘가를 바라본다는 뜻이 강하다. 물끄러미 바라본다는 것은 왠지 텅 비어 슬픈 눈빛 같다.

말없이 서로 물끄러미, 말끄러미 보는 모양을 흉내 낸 말도 있다. **'물끄럼말끄럼'**이다. 어떤 바람도 없이 말간 눈으로 대상을 물끄럼말끄럼 바라보는 눈빛에는 고요한 애정이 차분히 담겨 있을 것이다.

이번에는 생기 없이 대상을 쳐다볼 때 쓸 수 있는 순우리말을 살펴보자. **'멀뚱대다'**, **'멀뚱거리다'**, **'멀뚱멀뚱하다'**가 있다. 이들 단어는 생기가 없다. 그저 게슴츠레한 눈알을 이리저리 굴리며 쳐다볼 뿐이다. 이런 눈빛을 **'희어멀뚱하다'**라고도 표현한다. '그는 희어멀뚱하게 눈을 뜨고 한동안 창밖만 바라보았다'라고 쓸 수 있다.

깜짝 놀랐거나 관심 있는 일 앞에서 우리의 눈빛은 어떻게 달라질까? 눈을 크게 뜨고 무슨 일이 생겼나 살피려고 눈동자를 이리저리 움직일 것이다. 이런 눈의 움직임을 부사로 **'되록'**, **'되록되록'**이라고 한다. '쿵 하고 부딪히는 소리에 깜짝 놀라 눈알을 되록 굴렸다'라고 쓴다. 동사로 **'되록이다'**, **'되록거리다'**, **'되록되록하다'**라고 표현한다. 크고 동그란 눈알이 힘 있게 움직인다는 뜻이다.

'되록'보다 조금 더 조심스럽게 눈을 굴리는 모양을 흉내 낸 말이 있다. **'두룩두룩'**이다. 떳떳하지 못해 눈길을 어디에 둬야 할지 몰라 조심스럽게 주위를 살펴볼 때 쓴다. 동사로는 **'두룩두룩하다'**라고 표현한다. '그는 미안한 마음에 아무 말도 못 하고 눈만 두룩두룩하고 있을 뿐이었다'라고 쓸 수 있다.

이번에는 곁눈으로 슬쩍 한 번 쳐다보는 시선을 찾아가 보자. 다양한 이유로 어떤 사람이나 사물을 쳐다보게 될 때가 있는데, 보고는 싶지만 그렇다고 적극적으로 보기는 어려운 상황일 때 곁눈질하게 된다. 가볍게 곁눈질하며 살짝 한 번 쳐다보는 모양을 뜻하는 말이 있다. 부사 **'핼금'**이다. '지하철 옆자리에 탄 사람이 핸드폰으로 뭘 보는지 핼금 쳐다봤다'라고 쓰면 되겠다. 우리가 잘 아는 '힐끔'과 같은 뜻이다. 동사로는 **'핼금하다'**, **'힐금하다'**, **'핼금대다'**이다.

그렇다면 슬쩍 흘겨볼 때는 어떤 단어를 쓸 수 있을까? 흔히 쓰는 '힐끗하다'가 있고, 이보다 약한 느낌을 주는 **'힐긋하다'**가 있다. 그런데 한 번만 흘겨보는 게 아니라 여러 번 자꾸 흘겨볼 때는 어떻게 말하면 좋을까? **'힐끔거리다'**, **'흘금거리다'**를 쓴다. 눈살 찌푸리는 장면을 보면 자꾸 흘금거리게 된다. 처음에는 저게 뭔가 싶어 한 번, 진짜 저렇게 한다고 싶어 두 번, 너무 한다 싶어 세 번, 이렇게 여러 번 흘금거리게 되는 것이다. 또 못마땅하다면 보고도 못 본 체할 때도 있다. 이런 눈짓을 '**나비눈**'이라고 한다.

우리는 한눈을 팔게 될 때도 종종 있다. 멍하게 정신을 놓고 어딘가 먼 곳을 바라보는 것을 '**먼눈팔다**'라고 한다. '먼눈팔다'라는 단어를 볼 때면 학생 시절 먼눈팔고 앉아 있다 선생님께 야단을 맞았던 날들이 떠오른다. 좌우로 꽉 차는 시선을 이르는 말로는 형용사 '눈길다'가 있다. 이 단어는 주로 '**눈길게**'의 형태로 쓰이는데 '그는 눈길게 주변을 살펴봤지만 낯선 사람들뿐이었다'라고 쓰면 된다.

이번엔 화가 났을 때 보이는 눈길을 찾아가 보자. 상대에게 단단히 화가 났을 때 그들을 째려보거나 노려보게 된다. 이때 사용할 수 있는 순우리말로는 먼저 '**홉뜨다**'가 있다. '홉뜨다'는 눈알을 위로 굴리고 눈시울을 위로 치뜨는 것을 뜻한다. 억울하거나 화가 나서 눈을 치켜뜨는 상황에 쓴다. '홉뜨다'는 어린아이가 되바라지게 어른에게 대드는 소설 장면에서 종종 발견되는데, 그렇다고 아랫사람이 윗사람에게 대들 때만 쓰는 말은 아니다. 윗사람이 아랫사람에게 호통치는 상황에도 종종 쓰인다.

비슷한 말로 '**치뜨다**'가 있다. '치뜨다'는 누군가를 위협적으로 바라볼 때도 쓰지만, 눈을 그저 위로 올려 뜰 때도 쓴다. 안약이 고루 잘 들어갈 수 있게 눈을 치뜰 수도 있겠다. 유사한 말로 '**거들뜨다**'도 있다. 이 단어들은 모두 우리가 잘 아는 '치켜뜨다'의 뜻과 같다.

'치뜨다', '거들뜨다'는 말 그대로 눈을 치켜뜰 때도 쓰고 화가 난 상황에서도 쓰는데, 이들 단어보다 화가 난 감정을 훨씬 더 강렬하게 드러내는 단어가 있다. 먼저 '**울부라리다**'이다. 무슨 뜻인지 모르는 상태에서 이 단어를 만났다고 하더라도 어쩐지 붉으락푸르락하는 모습이 연상된다. 그렇다. 이 단어는 눈망울을 우악스럽게 굴리며 무섭게 치뜬다는 뜻의 단어다. 보통 화가 난 게 아니다. 사전에서 예문을 찾아보면 '잡아먹을 듯이 울부라리다', '사자가 울부라리니 토끼가 놀라 달아났다'와 같은 예시문이 나온다.

적극적으로 노려보는 눈빛을 표현하는 또 다른 순우리말에는 뭐가 있을까? 눈을 치뜨고 노려본다는 뜻의 **'칩떠보다'**가 있다. 분노와 적개심이 느껴지는 눈빛이다. 분노를 표현할 때 눈을 치뜨기도 하지만 눈길을 아래로 하고 노려볼 때가 있다. 이럴 때 쓰는 단어는 **'내립떠보다'**이다. 반항기를 가득 담아 바닥을 내려다보는 사춘기 아이들의 눈빛이 연상된다.

화가 나거나 못마땅하여 쳐다보는 모든 시선에는 **'눈씨'**가 느껴진다. '눈씨'는 시선에 들어가 있는 힘을 뜻한다. 상대방을 쏘아보아야 할 때는 눈에 힘이 들어갈 수밖에 없으니 눈씨가 느껴지는 것은 당연한 일이겠다. 주로 '눈씨'는 '눈씨가 맵다', '눈씨가 매섭다'와 같이 쓴다.

시선과 관련된 순우리말을 살펴보고 나니 눈빛만큼 우리의 감정을 그대로 보여 주는 것이 있을까 하는 생각이 든다. 우리들의 오늘 하루에는 어떤 시선들이 오고 갔을지 궁금하다.

말긋말긋하다 图 생기 있는 눈으로 말똥말똥 쳐다보다.
말긋말긋 图 생기 있는 눈으로 말똥말똥 쳐다보는 모양.
말똥대다 图 생기 있고 또랑또랑한 눈알을 자꾸 굴리며 말끄러미 쳐다보다.

말똥말똥하다 동 눈만 동그랗게 뜨고 다른 생각이 없이 말끄러미 쳐다보다.
말끄러미 부 눈을 똑바로 뜨고 오도카니 한 곳만 바라보는 모양.
물끄러미 부 우두커니 한 곳만 바라보는 모양.
물끄럼말끄럼 부 말없이 서로 물끄러미 보다가 말끄러미 보다가 하는 모양.
멀뚱대다/멀뚱거리다/멀뚱멀뚱하다 동 생기가 없고 멀건 눈알을 자꾸 굴리며 물끄러미 쳐다보다.
희어멀뚱하다 형 눈빛이 생기가 없고 게슴츠레하다.
되록 부 크고 동그란 눈알이 힘 있게 움직이는 모양.
되록되록 부 크고 동그란 눈알이 자꾸 힘 있게 움직이는 모양.
되록이다/되록거리다/되록되록하다 동 크고 동그란 눈알이 힘 있게 움직이다. 또는 그렇게 되게 하다.
두룩두룩 부 크고 둥그런 눈알을 자꾸 조금 천천히 굴리는 모양.
두룩두룩하다 동 크고 둥그런 눈알을 자꾸 조금 천천히 굴리다.
핼금 부 가볍게 곁눈질하여 살짝 한 번 쳐다보는 모양.
핼금하다/힐금하다/핼금대다 동 가볍게 곁눈질하여 살짝 한 번 쳐다보다.
힐긋하다 동 가볍게 슬쩍 한 번 흘겨보다.
힐끔거리다 동 거볍게 곁눈질하여 자꾸 슬쩍슬쩍 쳐다보다.
흘금거리다 동 곁눈으로 슬그머니 자꾸 흘겨보다.
나비눈 명 못마땅해서 눈알을 굴려 보고도 못 본 체하는 눈짓.
먼눈팔다 동 정신을 놓고 먼 곳을 바라보다.
눈길다 형 시선이 좌우로 꽉 차다.
홉뜨다 동 눈알을 위로 굴리고 눈시울을 위로 치뜨다.
치뜨다 동 눈을 위로 올려 뜨다.
거들뜨다 동 눈을 위로 크게 치켜뜨다.
울부라리다 동 눈망울을 우악스럽게 굴리며 무섭게 치뜨다.
칩떠보다 동 눈을 치뜨고 노려보다.
내립떠보다 동 눈을 아래로 향하여 뜨고 노려보다.
눈씨 명 쏘아보는 시선의 힘.

11 ● 나도 모르는 사이에 천사를 만날 수도[1]

그느르다
돌보고 보살펴 주다

이라크 자그로스 산맥의 샤니다르 동굴에서 호모 네안데르탈인의 유적이 발견됐다. 그중 심각한 신체장애를 가진 사람의 뼈가 발굴됐는데, 방사성 탄소 연대 측정 결과 그의 나이는 40대 정도인 것으로 나타났다. 근육으로 다져진 날렵한 몸을 가졌대도 매 순간 닥쳐오는 삶의 위협에 맞서고 피하기 어려웠을 그 당시, 한쪽 눈도 멀고 다리도 성치 않은 그가 40년이란 세월을 어떻게 살아냈을까.

연구자들은 그의 삶이 끝나는 순간까지도 동료들의 돌봄을 받아왔을 것으로 추정했다. 그의 죽음의 자리에서 따사한 보살핌의 흔적들이 발견됐기 때문이다. 아무렇게나 방치되지 않고 동료들 곁에 나란히 함께 묻혀 있던 그의 유해가 그 보살핌을 보여 주고 있었다.

[1] 닐 올리버의 《잠자는 죽음을 깨워 길을 물었다》 1장의 두 번째 소제목에서 차용했다.

동굴에서 발견된 또 다른 한 구의 남성 사체에도 애도의 손길이 다정하게 남아 있었다. 그의 몸을 둘러싼 흙에서 데이지를 비롯한 여러 꽃가루가 나온 것이다. 연구자들은 동료의 죽음을 애도하기 위해 네안데르탈인들이 꽃다발로 시신을 덮어 주었을 것으로 추정했다.

5만 년 전이란 시간 속 삶은 얼마나 혹독했을까. 사치에 불과할 어쭙잖은 상상을 그리다 말고 다른 곳으로 생각을 이어갔다. 고된 삶 속에서도 섬약한˚ 동료를 향해 선뜻 손 내밀었을 누군가의 따뜻함을, 마지막을 아름답고 존귀하게 장식해 주며 죽음을 애도하던 그들의 아픔을 그려 보는 장면으로. 쓸모없는 데다 거추장스럽다고 여겨졌을 동료를 거친 삶 속에서도 지켜 낸 그 마음들이 출발한 곳을 짐작해 더듬어 본다.

네안데르탈인들의 돌봄에 관해 닐 올리버는 《잠자는 죽음을 깨워 길을 물었다》에서 이렇게 말한다. "한 사람 한 사람은 딱히 명백하지 않은 수만 가지 이유로 귀하고 특별한 존재다. 약 5만 년 전 야수들과 함께 살아가던 우리의 조상들은 누군가의 가치를 알아보는 수만 가지 방법을 알고 있었다."

존재 가치의 이유를 찾지 않았던 5만여 년 전 사랑의 마음을 떠올려 보는 것만으로도 마음이 찬찬히 데워졌다. 이유가 없어도, 아무런 판단 없이 마음을 내어준 그느르고 무해한 따뜻함은 얼마나 충직한 깊이를 가졌을 것인가.

- **섬약(纖弱)하다** 가냘프고 약하다.

내가 생각하는 가치란 무엇인가. 나는 얼마나 알량한* 잣대로, 얄팍한* 필요에 따라 나와 타인의 가치를 판단해 왔던가. 우리는 명백하지 않은 수만 가지의 이유로 귀하고 소중하다. 선명하지 않으니 이유를 굳이 찾아 나설 필요도 없겠다. 너와 내가 곁에 있으니 서로의 등을 쓰다듬고 보듬어 주는 것. 나도 모르게 만났을 천사들에게 따뜻함을 전하는 것. 그 따뜻함이 우리 삶의 전부일 것이다.

- **알량하다** 시시하고 보잘것없다.
- **얄팍하다** 두께가 조금 얇다. 생각이 깊이가 없고 속이 빤히 들여다보이다.

존재 가치의 이유를 찾지 않았던
5만여 년 전 사랑의 마음을
떠올려 보는 것만으로도 마음이 찬찬히 데워졌다.

이유가 없어도,
아무런 판단 없이 마음을 내어준
그느르고 무해한 따뜻함은
얼마나 충직한 깊이를 가졌을 것인가.

따뜻함과 다정함을 부르는 순우리말

따뜻함과 다정함을 뜻하는 말들은 나직이 웅얼거리기만 해도 마음이 뭉근하게 데워진다. 소리 내어 읽어만 봐도 마음을 따듯하게 덥혀 주는 말을 찾아가 보자. 먼저 가장 익숙한 단어 '따뜻하다'를 대신해 쓸 수 있는 단어에서부터 출발해 볼 수 있겠다.

첫 번째 주자는 '다습다', '다스하다'와 '다사롭다'이다. **'다습다'**는 알맞게 따듯하다는 뜻으로, 조금 더 센 느낌을 주는 말로는 **'따습다'**가 있다. 흔히 '따숩다'라는 표현을 일상적으로 흔히 사용하지만, '따숩다'는 '따습다'의 전라도 지역 방언이다. **'다스하다'**는 '조금 다습다'라는 뜻을, **'다사롭다'**는 '따뜻한 기운이 조금 있다'라는 뜻이다. 다스하고 다사로움 모두 우리의 마음을 부드럽게 어루만져 주는 따뜻함이다.

물리적인 따뜻함은 여럿이 모이는 것만으로도 생겨난다. 매서운 겨울, 동굴 속에서 모여 있는 것만으로도 네안데르탈인들에게는 서로의 따뜻한 온기가 전해졌을 것이다. 사람들이 모여 있는 곳에서 생겨나는 따뜻한 기운을 부르는 순우리말이 있다. '훈김'이다. **'훈김'**은 사람들이 있는 곳의 따뜻한 기운이라는 뜻 외에도 남은 기운 또는 여럿이 함께 일할 때 우러나오는 힘을 뜻한다.

    이제 따뜻함을 넘어 조금 더 더운 곳으로 가 보도록 하자. **'후덥다'**라는 순우리말이 있다. 흔히 '후덥지근하다'라는 말은 익히 알고 있는데, '후덥다'는 '후덥지근하다'와 동일하게 사용할 수 있다. '열기가 차서 답답할 정도로 더운 느낌이 있다'라는 뜻이다. 다만 쓰임에 있어 다소 차이가 있는데, '후덥지근하다'가 날씨와 관련해서만 사용되는 것과 달리 '후덥다'는 '남에 대한 마음 씀씀이가 후하고 따뜻하다'라는 뜻도 지닌다.

    유사한 느낌의 단어로 **'훗훗하다'**가 있다. '훗훗하다'는 약간 갑갑할 정도로 훈훈하게 덥다는 뜻으로, 마음을 부드럽게 녹여 주는 듯한 훈훈한 기운이 있다는 뜻을 갖는다. 기온과 마음의 온도는 어쩐지 정비례 관계에 있을 것 같다. 단어에 따뜻함의 강도가 더해질수록 사람들의 따스운 마음을 더 잘 표현할 것 같으니.

    이번엔 부드러움을 표현하는 순우리말을 살펴봐야겠다. 부드러운 사람을 표현하는 순우리말은 다양하다. 먼저 태도나 성질이 매우 부드럽고 친절하다는 뜻의 **'곰살맞다'**, **'곰살궂다'**가 있다. 곰살맞은 사람을 만나면 마음은 어느덧 나긋나긋 말랑해진다.

    여기에 싹싹함까지 더한 사람을 두고선 뭐라고 말할 수 있을까? **'곰상곰상하다'**라고 말할 수 있다. 또 부드럽고 상냥한 사람을 표현하는 순우리말에는 **'여낙낙하다'**도 있다. 이 단어는 '낙낙하다'에서 출발한 것이 아닐까 하고 짐작해 본다. 마음이 넉넉해야 상대를 향한 부드러움도 나오게 마련이니

말이다.

　부드럽고 사근사근한 사람을 이르는 또 다른 단어도 있다. **'오사바사하다'**이다. '오사바사하다'는 고집스러운 주견 없이 마음이 부드럽고 사근사근하다는 뜻이다. '그 사람은 오사바사하게 얘기하고 들어주는 성격은 아니지'라고 쓸 수 있다.

　부드러운 마음에는 너그러움도 함께할 것이다. 성질이 너그럽고 믿음직스럽다는 순우리말로는 **'굼슬겁다'**가 있다. 마음씨가 부드럽고 너그러운 **'사분사분한'** 사람도 있다. 또 '너그럽다'에서 연상되는 단어 **'누그럽다'**도 있다. 추워야 할 날씨가 따뜻할 때 '누그럽다'를 쓰는데, 누그러진 날씨만큼이나 따뜻하고 부드러우며 융통성을 가진 사람을 이를 때 '누그럽다'를 쓴다. 누그러운 사람에게선 마음 편히 어깨를 빌리며 속내를 한없이 드러내놓을 수 있을 것 같다. 이와 유사한 뜻으로 성질이나 태도가 보드라운 사람을 **'노긋하다'**라고 한다.

　어렸을 때 해어질 때까지 안고 잤던 애착 곰 인형이 있었다. 딱히 귀여운 것도 아니었는데, 어린 내가 그렇게 집착했던 이유는 곰 인형의 부들부들한 촉감 때문이었다. 보드라운 곰 인형의 촉감을 만지면 울퉁불퉁해진 마음이 금세 가라앉았다. 부들부들한 촉감처럼 부드러운 태도를 가진 사람은 뭐라고 부를까. '꽤 부드러운 느낌이 있다'는 뜻의 **'부드레하다'**가 있다.

　따뜻하고 다정한 사람들과 반대편에 있는 이들을 설명할 수 있는 순우리말도 몇 가지 살펴보자. 가장 먼저 떠오르는 단어는 '차갑다'이다. 차가운 사람, 쌀쌀하고 매서운 사람을 우리는 뭐라고 말할까? **'살천스럽다'**이다.

유사한 말로 **'냉갈령'**이라는 명사도 있다. '냉갈령'은 매정하고 차가운 태도를 말한다. 흔히 '냉갈령을 부리다'라고 한다. 몹시 야박하고 인색한 사람을 두고 **'강밭다'**라고 하고, 인정 없고 새침하고 쌀쌀한 사람을 **'몽총하다'**라고 한다. 몽총한데 모진 면까지 더해진 사람은 **'몰강스럽다'**라고 말한다.

나는 오늘 당신이 어떤 하루를 보냈는지 알지 못한다. 그러나 그곳에는 크고 작은 아픔과 상처가, 그것들과 분투했던 고된 시간이 있었단 사실만은 안다. 다시, 5만여 년 전 동굴 속 따스함을 상상해 본다. 흠이나 잘못을 덮어 주며 불편하고 약한 동료를 **그느르고 눌러듣던** 그 마음을 다시 그려 보았다. 그러니까 나는 따뜻하고 다정한 마음으로 당신을 만날 것이다. 언제 어디에서든 따뜻함으로 당신을 대하고 싶다.

우리말 뜻풀이

다습다 혱 알맞게 따뜻하다.
따습다 혱 알맞게 따뜻하다. '다습다'보다 센 느낌을 준다.
다스하다 혱 조금 다습다.
다사롭다 혱 따뜻한 기운이 조금 있다.
운김 몡 사람들이 있는 곳의 따뜻한 기운. / 남은 기운. / 여럿이 함께 일할 때 우러나오는 힘.
후덥다 혱 열기가 차서 답답할 정도로 더운 느낌이 있다. / 남에 대한 마음 씀씀이가 후하고 따뜻하다.
훗훗하다 혱 약간 갑갑할 정도로 훈훈하게 덥다. / 마음을 부드럽게 녹여 주는 듯한 훈훈한 기운이 있다.
곰살맞다 혱 몹시 부드럽고 친절하다.
곰살궂다 혱 태도나 성질이 부드럽고 친절하다.

곰상곰상 [부] 성질이나 행동이 싹싹하고 부드러운 모양.
곰상곰상하다 [형] 성질이나 행동이 싹싹하고 부드럽다.
여낙낙하다 [형] 성품이 곱고 부드러우며 상냥하다.
오사바사하다 [형] 굳은 주견 없이 마음이 부드럽고 사근사근하다.
굼슬겁다 [형] 성질이 보기보다 너그럽고 부드럽다.
사분사분하다 [형] 성질이나 마음씨 따위가 부드럽고 너그럽다.
누그럽다 [형] 마음씨가 따뜻하고 부드러우며 융통성이 있다. / 몹시 추워야 할 날씨가 따뜻하다.
노긋하다 [형] 성질이나 태도가 좀 보드랍고 순하다.
부드레하다/보드레하다 [형] 꽤 부드러운 느낌이 있다.
살천스럽다 [형] 쌀쌀하고 매섭다.
냉갈령 [명] 몹시 매정하고 쌀쌀한 태도.
강밭다 [형] 몹시 야박하고 인색하다.
몽총하다 [형] 붙임성과 인정이 없이 새침하고 쌀쌀하다.
몰강스럽다 [형] 인정이 없이 억세며 성질이 악착같고 모질다.
그느르다 [동] 돌보고 보살펴 주다.
눌러듣다 [동] 사소한 잘못을 탓하지 않고 너그럽게 듣다.

12 ● 아무것도 하지 않는 법

포슬눈
가늘고 성기게 내리는 눈

눈이 내리고 있었다. 지하철이 당산역을 막 통과해 다음 역으로 향하던 때였다. 고개 숙이고 핸드폰을 들여다보던 중 갑자기 시야가 환해져 고개를 들어 보니 지하철 차창 밖으로 눈이 흩날리고 있었다. 여린 눈발이 허공을 휘돌다 하염없이 강으로 아물아물* 흩어져 내리는 중이었다.

무수한 눈의 일생이 찰나에 시작됐다 끝나고 있었다. 눈발은 설의*를 머금은 허공으로, 강으로 조용히 사라졌다. 세상에 얼굴을 갓 내비친 어린 눈송이들은 어떤 기대를 품고 강으로 낙하했을 텐데 실망하진 않았을까. 아니라면 창백한 겨울빛에 잠시 어룽졌다가 사라지는 것이 일생 유일한 소임이라는 걸 묵묵히 받아들인 걸까. 겨울 한낮의 풍경을 황홀하게 부유하던 **포슬눈**은 한겨울 강물

- **아물아물** 작거나 희미한 것이 보일 듯 말 듯 하게 조금씩 자꾸 움직이는 모양.
- **설의(雪意)** 눈이 올 듯한 하늘의 모양.

에 무심코 내려앉았다가 생을 마감하고 마는구나. 아니다, 새로운 시작이 될 수도 있을 테지, 하는 생각들이 스쳐 갔다.

또 쓸데없는 생각을 했네. 아까 보던 거나 다시 봐야지 하고 고개를 숙이려던 찰나에 지하철 속 사람들이 무심코 시야에 들어왔다. 흩어지는 눈을 알아채고 잠깐 차창 밖을 보는가 하더니 사람들은 이내 하나둘 고개를 떨구고 작고 네모난 세계로 서둘러 되돌아갔다. 눈 내리는 현실과 뚜렷하게 구별된 그들만의 작은 세계로 돌아가야겠다는, 아무것도 하지 않는 시간은 허용하지 않겠다는 굳은 결심의 얼굴들 같았다.

마침 며칠 전 읽은 제니 오델의 《아무것도 하지 않는 법》의 한 구절이 떠올랐다. 제니 오델은 고독과 침묵이 있는 틈에야 극히 드문 가치 있는 것들을 만들어 낼 기회가 있다는 질 들뢰즈의 말을 이렇게 인용했다. "아무것도 하지 않는 것은 무언가 말할 것을 만들어 내기 이전 단계이며, 아무것도 하지 않는 것은 사치도, 시간 낭비도 아니다. 오히려 의미 있는 생각과 발화의 필수 요소이다"라고.

내게 주어진 고독과 침묵의 시간에 대해 돌아봤다. 내리는 눈의 운명, 그것의 슬픔과 기쁨을 점쳐 보던 짧은 순간마저 그만두라 채근하던* 조금 전 내 마음의 목소리를 생각했다. 그렇게 돌아와서는 화면 속 타인의 삶에 기꺼이 써 버린 내 고독과 침묵의 시간에 대해서도. 탕진해 버린 고요의 시간이 늘어갈수록 내 삶의 부피와 온

• **채근(採根)하다** 어떤 일의 내용, 원인, 근원 따위를 캐어 알아내다.

도에 나는 놀라울 정도로 무감해져 갔을 것이다.

역에서 내려 밖으로 나왔을 때 눈은 이미 그친 뒤였다. 바람이 불자, 웃자란* 가지 위에 성글게 포개져 있던 눈발이 부스러지며 눈보라를 일으켰다. 잘게 부서진 눈 조각은 뺨에 내려앉자마자 차갑게 방울져 맺혔다 금세 데워졌다. 보도에 발을 디디며 오고 간 사람들이 남긴 발자국에 내 것도 더했다. 절버덕 소리를 내며 검게 물크러지는* 땅의 감촉이 발바닥에 고스란히 전해졌다.

흥성거리는* 거리의 술렁임이 소리를 감췄다는 걸 깨달은 건 한참이 지난 뒤였다. 침묵 속 나의 세계가 나눠 준 고요한 감각, 그곳에 어떤 위로가 잔잔히 내려앉았던 새하얀 겨울밤이었다.

- **웃자라다** 쓸데없이 보통 이상으로 자라 연약하게 되다.
- **물크러지다** 너무 무르거나 풀려서 본 모양이 없어지도록 헤어지다.
- **흥성거리다** 여러 사람이 활기차게 떠들며 계속 흥겹고 번성한 분위기를 이루다.

내게 주어진
고독과 침묵의 시간에 대해 돌아봤다.

내리는 눈의 운명,
그것의 슬픔과 기쁨을 점쳐 보던
짧은 순간마저 그만두라 채근하던
조금 전 내 마음의 목소리를 생각했다.

탕진해 버린 고요의 시간이 늘어갈수록
내 삶의 부피와 온도에
나는 놀라울 정도로 무감해져 갔을 것이다.

눈을 부르는 순우리말

눈은 분명 차가운 것임에도 이상하리만치 포근한 느낌을 준다. 차가우면서도 따듯하고, 날카로우면서도 부드럽고, 단단한 듯하면서도 한없이 여리게 물러 버리기 때문일 것이다. 눈이 가진 여러 모양새만큼이나 눈은 다양한 이름을 갖고 있다. 눈을 표현한 순우리말을 알아보자.

한 해 가장 먼저 만나는 눈을 '첫눈'이라고 한다. 첫눈을 포함해 초겨울에 내리는 눈은 보통 가늘고 여리게 흩날릴 때가 많다. 초겨울에 조금 내리는 눈을 **'풋눈'**이라 부른다. 처음 나왔다는 뜻의 접두사 '풋'이 세상에 막 나온 보송한 눈의 모습을 있는 그대로 전해 주는 것 같다.

소금처럼 흩날리는 눈도 있다. 가늘고 촘촘한 눈이 허공에 소금처럼 흩뿌려질 때 우리는 그 눈을 **'가루눈'**이라고 한다. 이슬비보다는 조금 굵지만 가늘게 내리는 비를 '가랑비'라고 하는데, **'가랑눈'**이라는 순우리말도 있다. '가랑눈'은 조금씩 잘게 부서져 내리는 눈을 말한다. 성근 눈을 이르는 단어 **'포슬눈'**도 기억해 두면 좋겠다. 가는 눈이 성기게 내릴 때 포슬눈이라고 한다. 이렇게 가늘고 적은 양의 눈은 바닥에 닿자마자 녹거나, 쌓인다고 해도 금세 녹아 버린다.

　바닥에 살짝 깔릴 정도로 적게 내린 눈은 '**살눈**'이라고 한다. 발자국이 겨우 남을 정도로만 내린 눈이다. '살'은 온전하지 못하다는 뜻의 접두사다. 제대로 다 얼지 못한 '살얼음'처럼 '살눈'도 바닥을 채 다 덮지 못한 눈이다. 살눈은 '**자국눈**'이라고도 부른다.

　이번에는 펑펑 내리는 눈을 표현한 순우리말을 알아보자. 자주 사용하는 '**함박눈**'이 있다. 함박눈은 굵고 탐스럽게 내리는 눈을 이른다. 갑자기 쌀알 같은 눈이 내릴 때가 있다. 비가 오다 갑자기 날이 추워지거나 찬 바람을 만나 빗방울이 얼어 쌀알처럼 떨어지는 눈이다. 이 눈을 '**싸라기눈**'이라고 부른다. '싸라기'는 부스러진 쌀알을 의미하는 단어다.

　한편 눈도 소나기처럼 갑자기 세차게 펑펑 쏟아지다가 그칠 때도 있다. 이런 눈은 말 그대로 '**소나기눈**'이라고 부른다. 펑펑 쏟아지는 눈은 금세 쌓인다. 얼마나 쌓였는지에 따라 부르는 이름이 따로 있다. 발등까지 빠질 정도로 눈이 내렸다면 '**발등눈**'이라 하고, 많이 쌓인 눈을 '**잣눈**', 한 길이 될 만큼 많이 쌓인 눈을 '**길눈**'이라고 한다. 잣눈의 '자'는 약 30센티미터 정도의 길이를 뜻하고 '길'은 보통 어른 한 사람의 키 정도를 이르는 길이를 말한다. 길눈의 '길'은 '열 길 물속은 알아도 한 길 사람 속은 모른다'는 속담에 쓰인 '길'과 같다. 어른의 키만큼 쌓이는 눈은 흔치 않다. 눈이 많이 내렸다는 것을 과장해서 표현할 때 쓰는 말이다.

　눈은 언제나 묵묵히 침묵을 지키며 내린다. 추운 겨울, 창문을 굳게 닫고

두꺼운 커튼까지 치고 잠이 들면 밤새 눈이 왔다 해도 아침이 되어서야 알게 된다. 눈은 소리를 내지 않기 때문이다. 아침 창문을 열었을 때 온 세상이 새하얀 옷을 입고 있을 때, 아무도 모르게 살짝 눈이 내렸다고 해서 **'도둑눈'**이라고 부른다.

아직 사람들이 오고 가지 않을 시간, 새벽녘에 밤새 내린 눈을 발견했다면 그 눈은 아마도 **'숫눈'**일 것이다. 더럽혀지지 않아 깨끗하다는 뜻의 접두사 '숫'이 붙은 '숫눈'은 누구의 발자국도 지나가지 않은, 때 묻지 않은 하얀 눈을 뜻한다.

만약 밤새 내린 눈이 비가 섞이지 않고 내린 눈이었다면 아침까지 보송보송하게 쌓여 있을 것이다. 이 같은 눈을 **'마른눈'**이라고 한다. '마른눈이 내려 아직 녹지 않고 그대로 쌓여 있다'와 같이 쓸 수 있다. 마른눈이 오래도록 녹지 않으면 얼음처럼 되어 버리기도 한다. 눈이 오래 쌓여서 얼음처럼 된 눈을 두고 **'묵은눈'**이라고 한다.

눈은 고요하게 내리기도 하지만, 차갑고 거센 바람이 눈과 함께 몰아칠 때도 있다. 눈발이 찬 바람과 함께 정면으로 얼굴에 부딪혔을 때를 떠올려 보자. 눈도 제대로 뜰 수 없을 만큼 세찬 눈보라가 불 때를 **'눈설레'**라고 한다. '갑작스러운 눈설레에 퇴근길이 꽉 막혔다'라고 쓴다. 한편 눈이 내리면 주위가 안개가 낀 것처럼 부예진다. 이런 상태를 **'눈안개'**라고 한다.

이번에는 눈이 내리는 모습을 표현하는 순우리말을 알아보자. 눈이 조금씩 흩날리듯이 내릴 때 **'푸설거리다'**, **'푸설대다'**라고 한다. 흩날리듯 눈이 내리는 모양을 흉내 낸 말 **'푸설푸설'**도 있다. 흩날리듯이 오는 눈은 어쩐지 가볍다. 눈이 가볍게 내리는 소리를 흉내 낸 말로는 **'사락사락'**이 있다. '사락사락'보다 센 느낌을 주는 말은 **'싸락싸락'**이다.

눈이나 비가 천천히 조용히 내릴 때는 **'부슬대다'**라고 한다. 눈설레가 몰아닥친 상태에선 눈이 소리 없이 조용히 내리기는 어려울 것이다. 한편 눈이나 비가 마구 날리면서 요란스레 내리는 것을 표현할 때는 **'훌뿌리다'**라고 한다.

거리에 쌓인 눈은 언제나 질퍽대는 검은 물이 되어 천덕꾸러기 신세로 전락한다. 눈을 싫어하는 사람들은 아마도 눈이 온 뒤 **구질해지는** 상태를 이유로 댈 것이다. 그럼에도 나는 눈이 좋다. 눈이 내리면 여전히 설렌다. 내리는 눈발이 금세 **머츰해지지** 않기를, 보얀 눈이 지붕 위에 넉넉히 내려앉기를 언제나 기다린다.

우리말 뜻풀이

풋눈 명 초겨울에 들어서 조금 내린 눈.
가루눈 명 가루 모양으로 내리는 눈.
가랑눈 명 조금씩 잘게 내리는 눈.
포슬눈 명 가늘고 성기게 내리는 눈.
살눈 명 살짝 얇게 내린 눈.
자국눈 명 발자국이 겨우 날 정도로 적게 내린 눈.
함박눈 명 굵고 탐스럽게 내리는 눈.
싸라기눈 명 빗방울이 갑자기 찬 바람을 만나 얼어 떨어지는 쌀알 같은 눈.
소나기눈 명 갑자기 세차게 쏟아지다가 곧 그치는 눈. 폭설.
발등눈 명 발등까지 빠질 정도로 비교적 많이 내린 눈.

잣눈 몡 많이 쌓인 눈. 척설.
길눈 몡 한 길이 될 만큼 많이 쌓인 눈.
도둑눈 몡 밤사이에 사람들 모르게 내린 눈.
숫눈 몡 눈이 와서 쌓인 상태 그대로 깨끗한 눈.
마른눈 몡 비가 섞이지 않고 내리는 눈.
묵은눈 몡 쌓인 눈이 오랫동안 녹지 아니하고 얼음처럼 된 것.
눈설레 몡 눈이 내리면서 찬 바람이 몰아치는 현상.
눈안개 몡 눈이 내릴 때 마치 안개처럼 자욱하게 보이는 상태.
푸설거리다/푸설대다 통 눈 따위가 조금씩 흩날리듯이 자꾸 내리다.
푸설푸설 부 눈 따위가 자꾸 조금씩 흩날리듯이 내리는 모양.
사락사락 부 눈 따위가 가볍게 내리는 소리.
싸락싸락 부 눈 따위가 가볍게 내리는 소리. 사락사락보다 센 느낌.
부슬대다 통 눈이나 비가 성기게 조용히 내리다.
휼뿌리다 통 눈, 비 따위가 마구 날리면서 내리다.
구질다 형 날씨가 맑게 개지 못하고 비나 눈이 내려서 구저분하다. 구질구질하다.
머츰하다 형 계속해서 내리던 눈이나 비 따위가 잠시 잦아들어 멎는 듯하다.

13 ● 평생 한 가지 음식만 먹을 수 있다면 ✳

알근달근하다
맛이 조금 맵고도 달다

어느 날 후배가 이렇게 물었다.
"언니는 죽을 때까지 딱 한 가지 음식만 먹으면서 살 수 있다고 하면 뭐로 정할 거예요?"
한 치의 망설임도 없이 나온 나의 대답은 이것.
"난 비빔밥. 돌솥비빔밥이면 더 좋고."
나는 이런저런 재료가 한데 들어가 있는 음식을 좋아한다. 다양한 재료가 들어갔다고 해서 으깨고 갈아 굽거나 찐 건 또 내 취향이 아니다. 뭐가 들어가 있는지 정직하게 보이는 것, 씹으면서 하나하나의 맛을 찾아낼 수 있는 음식을 좋아한다. 이를테면 비빔밥, 김밥, 월남쌈, 샌드위치 같은 것들.
그중 내가 가장 사랑하는 음식은 비빔밥이다. 함께 간 식당에서 메뉴를 고심하는 척하지만, 메뉴에 '비빔밥'이 쓰여 있는 걸 확인하는 순간 내 마음의 답은 단박에 정해진다.

내가 비빔밥을 좋아하는 이유 중 하나는 젓가락을 분주하게 움직이지 않아도, 숟가락만 있어도 9첩 반상을 먹은 것과 같은 효과를 누릴 수 있기 때문이다. 그러나 무엇보다 내가 비빔밥을 사랑하는 가장 주요한 이유는 비빔밥의 고추장 베이스 양념장에 있지 않을까 싶다. 달고 짜고 매운 이 세상 모든 대표적인 맛이 오순도순 사이좋게 모여 있는 그곳! 달고 짠맛이 너무 평범해 좀 심심한가 싶을 때 툭 치고 들어오는 **알근달근한** 고추장의 매콤함! 여기까지는 떡볶이 소스와 별반 다를 것이 없어 보이지만, 비빔밥엔 고소한 참기름까지 합류해 흩어질 뻔했던 맛들을 하나로 거둬들인다.

잘 비벼진 비빔밥 한 입에는 갓 지은 밥의 고슬고슬함, 오색 나물의 담백함과 향긋함이 어느 것 하나 도드라지는 것 없이 양념장과 함께 흔연스럽게* 화합한다. 돌솥비빔밥이라면 바닥에 눌러앉은 바삭한 누룽지까지 합세해 식감의 새로운 국면으로 우리를 인도한다.

비빔밥의 또 다른 매력은 토핑을 고르듯 재료를 마음대로 넣었다 뺐다 할 수 있다는 점이다. 계란을 먹기 싫은 날엔 계란을 빼면 되고, 시금치가 마음에 안 드는 날엔 시금치를 빼면 되니 이 얼마나 자유롭고 민주적인 방식인지.

그러니 비빔밥의 세계는 지루할 틈이 없다. 죽을 때까지 한 종

● **흔연(欣然)스럽다** 기쁘거나 반가워 기분이 좋은 듯하다.

류의 음식만 먹을 수 있다면 비빔밥보다 더 훌륭한 음식이 있을까. 진심으로 나는 비빔밥만 먹어도 평생 살아갈 수 있을 것 같다.

어쩐지 구쁜 날,
그릇에 안다미로 담긴
달보드레하고 알근달근하고
새큼하고 구뜰한 음식은
언제나 우리를 위로해 준다.
오늘 우리를 위로해 준
음식은 무엇이었을까?

맛을 부르는 순우리말

비빔밥이 가진 맛부터 생각해 보자. 달고 짜고 매운 맛들을 순우리말로 표현한다면 어떤 단어로 말할 수 있을까?

먼저 단맛을 표현하는 순우리말을 알아보자. 우리가 흔히 쓰는 '달콤하다'보다 여린 느낌을 주는 **'달곰하다'**가 있다. 다시 한번 맛보고 싶은 단맛을 말한다. 이와 유사하게 약간 달콤한 맛이 날 때 쓸 수 있는 단어로 **'달짝지근하다'**, **'달보드레하다'**가 있다. '달보드레하다'는 눈으로 보기만 해도 부드러운 단맛이 입안을 가득 채울 것 같다.

'달곰하다'보다 조금 더 단 상태의 맛을 뭐라고 표현하면 좋을까? **'달금하다'** 또는 **'달큼하다'**를 쓰면 된다. 단맛이 '달큼하다'를 넘어 매우 달 때는 어떨까? **'다디달다'**라는 단어를 쓸 수 있다.

이번에는 단맛과 다른 맛이 결합된 맛을 찾아가 보자. 단맛이 나는데 한편으론 좀 싱거운 듯하고, 다시 생각해 보면 맛있었던 것도 같아 한 번 더 먹어 보고 싶은 맛을 **'달곰삼삼하다'**라고 말한다. 단맛에 신맛이 더해진 경우면 어떨까? 단맛이 나면서 신맛도 조금 날 때 **'달곰새금하다'**, **'달콤새큼하**

다'라고 말한다. 흔히 우리가 쓰는 '달콤새콤하다'는 '달콤새큼하다'의 경남 방언이다. 단맛이 나면서 약간의 쓴맛이 느껴질 때 **'달곰쌉쌀하다'**라고 말한다. 단맛이 있으면 웬만하면 다 맛있을 것 같지만, 그렇지 않은 경우도 있다. 달긴 하지만 맛이 없을 때 **'들큼하다'**라고 말한다.

짠맛을 표현하는 순우리말에는 어떤 것이 있을까? 맛이 좀 짤 때 쓰는 표현에는 **'건건하다'**가 있다. 그런데 '건건하다'는 다시 먹어 보고 싶은 마음이 들지 않는 짠맛을 뜻한다. 유사하게 입맛에 맞지 않게 짤 때 **'쩝쩔하다'**, **'찝찔하다'**를 쓴다. 맛없이 짜기만 한 맛이다. 아무 맛도 없이 찝찔하다는 뜻의 **'짐짐하다'**도 있다. 그렇다면 다시 먹어 보고 싶은 짠맛을 뭐라고 표현하면 될까? 입맛 당기게 약간 짠맛을 **'간간하다'**, **'짭짤하다'**, **'간간짭짤하다'**라고 말한다.

맛은 냄새로도 느낄 수 있는데, 짠 냄새가 풍길 때 표현하는 말이 있다. 바닷가에 갔을 때 맡게 되는 짠 냄새를 두고 **'짭짜래하다'**, **'짭짜름하다'**라고 말한다. '부산역에 내리자마자 짭짜래한 바닷바람이 느껴졌다'와 같은 문장을 보면 그 의미가 잘 전달된다.

최근 들어 유독 매운 음식이 유행인 것 같다. '맵파민(매운맛+도파민)', '맵도르핀(매운맛+엔도르핀)'이라는 신조어까지 등장할 만큼 매운맛으로 스트레스를 풀고 즐거움을 느끼는 사람들이 많다. 먼저 좀 매우면서도 단맛이 나는 순우리말에는 무엇이 있을까? 물론 떡볶이에도 매운맛 단계가 천차만별이지만, 일반적으로 생각하는 보통 맵기 정도의 떡볶이 맛에 해당하는 순우리말이 있다. **'알근달근하다'**이다. 조금 맵긴 하지만, 마지막 맛은 달짝지근하게 마무리되는 맛있는 맛이다.

'알근달근하다'보다는 날카로운 매운맛이 살짝 더 가미된 맛을 두고 **'알짝지근하다'**라고 말한다. 이 맛은 단맛도 있긴 하지만 매운맛이 조금 더 강해서 먹었을 때 다소 얼얼한 느낌이 남는다.

이번엔 그야말로 '매움'을 표현하는 순우리말을 알아보자. 사실 매운맛은 '맛'이 아니다. 매운 고추를 먹고 느끼는 것은 맛이 아니라 실은 통증인 것이다. 따라서 '맵다'와 관련된 말에는 입안이나 혀가 얼얼하다는 뜻의 단어가 많다. 매운 음식을 먹고 혀끝이 아리고 쏘는 느낌이 들 때 **'얼얼하다'** 또는 **'알알하다'**라고 말한다. 이와 유사한 단어로 **'얼근하다'**, **'얼큰하다'**, **'알근하다'**, **'알큰하다'**가 있다.

혀가 얼얼할 정도로 맵다는 뜻의 또 다른 단어인 **'매움하다'**, **'매옴하다'**도 알아 두면 좋겠다. '이번에 산 고춧가루가 매워서 그런지 육개장이 매움하네'라고 쓸 수 있다. 또한 음식 맛이 맵고 짤 때는 말 그대로 **'맵짜다'**라고 한다.

비빔밥에 속한 맛은 아니지만 '신맛'을 표현하는 순우리말도 짚고 넘어가 보자. 신맛이 조금 날 때는 **'새곰하다'**, **'새콤하다'**를 쓴다. 과일에서 신맛이 날 때 '새곰하다', '새콤하다'를 쓰면 된다. 비슷한 말로 **'새그무레하다'**, **'시그무레하다'**도 있다.

맛있을 정도로 신맛이 나는 것을 적확하게 표현해 줄 단어로는 **'새금하다'**, **'새큼하다'**도 있다. 아마도 신맛을 이야기할 때 가장 대표적인 음식은 잘 익은 김치가 아닐까 싶다. 깊은 맛이 느껴지며 신맛이 나는 음식을 설명하고 싶다면 **'시금하다'**, **'시큼하다'**를 기억해 두자.

신맛은 음식이 쉬었을 때도 난다. 이럴 때 나는 신맛은 **'새척지근하다'**, **'시지근하다'**라고 말할 수 있다. 음식이 쉬어서 맛이나 냄새가 좀 시큼하다는 뜻이다. '날이 더워서 그런지 어제 볶은 나물이 벌써 시지근하다'라고 쓰면 되겠다. 음식이 쉬었을 때 나는 맛이나 냄새가 비위에 거슬릴 정도라면 '시지근하다'로는 충분히 표현하기 어렵다. 쉬어서 신 냄새나 맛이 강하게 난다면 **'시척지근하다'**를 써야 한다. 신맛과 관련한 또 다른 단어 **'시금털털하다'**도 알아 두면 좋다. 신맛이 나면서도 좀 떫은맛이 나는 막걸리 맛을 표현할 때 시금털털한 맛이라고 하면 된다.

어쩐지 **구쁜** 날, 그릇에 **안다미로** 담긴 달보드레하고 알근달근하고 새큼하고 **구뜰한** 음식은 언제나 우리를 위로해 준다. 오늘 우리를 위로해 준 음식은 무엇이었을까?

우리말 뜻풀이

달곰하다 [형] 감칠맛이 있게 달다. '달콤하다'보다 여린 느낌을 준다.
달짝지근하다 [형] 약간 달콤한 맛이 있다.
달보드레하다 [형] 약간 달큼하다.
달금하다 [형] 감칠맛이 있게 꽤 달다. '달큼하다'보다 여린 느낌을 준다.
달큼하다 [형] 감칠맛이 있게 꽤 달다.
다디달다 [형] 매우 달다.
달곰삼삼하다 [형] 맛이 조금 달고 싱거운 듯하면서도 맛있다.
달곰새금하다 [형] 단맛이 나면서 조금 신 맛이 있다. '달콤새큼하다'보다 여린 느낌을 준다.

달콤새큼하다 〖형〗 단맛이 나면서 조금 신 맛이 있다.
달콤쌉쌀하다 〖형〗 조금 달면서 약간 쓴맛이 있다.
들큼하다 〖형〗 맛깔스럽지 않게 조금 달다.
건건하다 〖형〗 감칠맛 없이 맛이 좀 짜다.
쩝쩔하다 〖형〗 입에 맞지 않게 조금 짜다.
찝찔하다 〖형〗 맛이 없이 조금 짜다.
짐짐하다 〖형〗 음식이 아무 맛도 없이 찝찔하기만 하다.
간간하다 〖형〗 입에 당기게 약간 짠 듯하다.
짭짤하다 〖형〗 감칠맛이 있게 조금 짜다.
간간짭짤하다 〖형〗 음식이 조금 짠 듯하면서도 입에 적당하다.
짭짜래하다 〖형〗 좀 짠맛이나 냄새가 풍기다.
짭짜름하다 〖형〗 좀 짠맛이나 냄새가 풍기다.
알근달근하다 〖형〗 맛이 조금 매우면서도 달짝지근하다.
알짝지근하다 〖형〗 음식의 맛이 약간 달면서도 알알한 느낌이 있다.
얼얼하다/알알하다 〖형〗 맵거나 독하여 혀끝이 아리고 쏘는 느낌이 있다.
얼근하다/얼큰하다/알근하다/알큰하다 〖형〗 입안이 조금 얼얼할 정도로 맵다.
매움하다/매옴하다 〖형〗 혀가 얼얼할 정도로 맵다.
맵짜다 〖형〗 맛이 맵고 짜다.
새곰하다/새콤하다 〖형〗 조금 신 맛이 있다.
새그무레하다/시그무레하다 〖형〗 조금 신 맛이 있는 듯하다.
새금하다/새큼하다 〖형〗 맛이나 냄새 따위가 맛깔스럽게 조금 시다.
시금하다/시큼하다 〖형〗 맛이나 냄새가 깊은 맛이 있게 조금 시다.
새척지근하다 〖형〗 음식이 쉬어서 맛이나 냄새 따위가 조금 시다.
시지근하다 〖형〗 음식 따위가 쉬어서 맛이나 냄새가 조금 시금하다.
시척지근하다 〖형〗 음식이 쉬어서 비위에 거슬릴 정도로 맛이나 냄새 따위가 시다.
시금털털하다 〖형〗 맛이나 냄새 따위가 조금 시면서도 떫다.
구쁘다 〖형〗 뱃속이 허전하여 자꾸 먹고 싶다.
안다미로 〖부〗 담은 것이 그릇에 넘치도록 많이.
구뜰하다 〖형〗 변변하지 않은 음식의 맛이 제법 구수하여 먹을 만하다.

14 ● 밤의 사색

사로잠
염려가 되어 마음을 놓지 못하고 조바심하며 자는 잠

나에게는 잠이 오지 않는 밤이 종종 찾아온다. 불면의 밤들은 주로 대중없이 찾아오는 편이지만, 미뤄뒀던 생각이 줄지어 몰려오는 밤이면 나는 어김없이 불면에 속수무책으로 당하고야 만다. 차례를 기다리며 피어오르는 지난 순간들은 대체로 군데군데 훼손돼 있으므로 나는 밤새 기억 여기저기를 헤매야 한다. 달안개처럼 흐리마리한* 내 기억과 기억 사이에 새로운 이야기를 놓으며 그럴싸한 모습으로 만들어가다 보면 어느새 밤은 새벽을 두드리곤 한다.

프루스트의 《잃어버린 시간을 찾아서》에도 기억이라는 구명구를 붙잡고 길고 어두운 밤을 표류하는 주인공이 나온다. 주인공은 설핏 든 잠에서 깨어나 막막해하던 중 옛 기억을 떠올리며 그것들을 넘나들다 밤의 깊은 허무를 통과해 간다. 불면의 침공을 당한

● **흐리마리하다** 생각이나 기억, 일 따위가 분명하지 않다.

주인공에게 떠오르는 기억은 공허한 밤을 견디게 해 주는 구원자였던 것이다.

불면은 헤르만 헤세의 글에서도 종종 언급된다. 헤르만 헤세에게도 불면은 불가항력의 재난이었다. 그는 《밤의 사색》에서 불면의 밤을 혼자 힘으로는 절대 빠져나갈 수 없는 시간, 생각과 감정과 기억들에 압도되는 시간으로 설명한다. 그는 유년 시절의 기억을 오가다 결국 그 시간과 맞닿을 수 없다는 것을 깨닫고는 깊은 밤, 묵직한 슬픔과 외로움에 빠져 버리고 만다.

잠과 잠 사이의 시간을 이어가게 해 주는 생각들은 내게도 지루하고 막막한 밤의 공간을 견디게 해 주는 구원자가 되어 주었다가도 광막한* 슬픔을 던져 주곤 했다. 거기에다 잠을 자야 한다는 강박과 말갛게 밤을 지새우고 맞게 될 내일에 대한 두려움마저 바시랑대기* 시작하면 불면의 밤은 점점 더 단단하고 견고한 형체를 갖추어 갔다. 꼼짝없이 생각에 붙들린 밤의 시간은 더뎠고 고통스러웠다.

불면의 밤을 허우적거리던 헤르만 헤세는 새로운 시도를 감행한다. 《밤의 사색》에서 그를 찾아온 불면증을 '여신'이라 이름 붙이기로 한 것이다. 그는 불면증을 자신을 찾아와 고향과 어린 시절, 사랑의 기억을 떠올리고 노래 불러 주며 긴긴 고독의 밤을 함께한 여신으로 둔갑시켜 버린다. '여신'이라는 새로운 이름을 얻은 불면증은 이로써 잠을 앗아간 우리들의 '적'이 아닌 긴긴밤을 동행해

- **광막(廣漠)하다** 아득하게 넓다.
- **바시랑대다** 가만히 있지 못하고 계속 좀스럽게 움직이다.

주는 '동료'가 되었다.

  나에게도 몽롱한 듯 또렷한 불면의 밤, 설핏 잠들었다 다시 깨어나는 밤, 몽상가처럼 생각 속을 헤매다 다시 잠드는 밤, 끝내 잠 못 드는 밤이 있었다. 헤르만 헤세의 불면증 여신이 불면의 밤에 색색이 다른 추억과 환상의 베일을 덮어 주었듯, 잠 못 드는 나의 밤도 저마다 모습이 달랐다. 어둠 속 나의 밤, 각양각색의 모습으로 찾아온 내 불면의 여신에게 '불면'이라는 단색의 무성의한 이름 대신 그만의 고유한 이름으로 다정하게 불러 준다면 어떤 이름이 될까.

나에게도 몽롱한 듯 또렷한 불면의 밤,
설핏 잠들었다 다시 깨어나는 밤,
몽상가처럼 생각 속을 헤매다 다시 잠드는 밤,
끝내 잠 못 드는 밤이 있었다.

어둠 속 나의 밤,
각양각색의 모습으로 찾아온
내 불면의 여신에게
'불면'이라는 단색의 무성의한 이름 대신
그만의 고유한 이름으로 다정하게 불러 준다면
어떤 이름이 될까.

잠을 부르는 순우리말

생각이 몸집을 거대하게 불려 버려 단잠을 자기엔 틀려 버린 밤. 이런 날이면 선잠이라도 잠시 들 수 있다면 다행이다. **어리어리하다가** 언제라도 깨 버리는 위태로운 잠을 뜻하는 단어에는 겉잠, 수잠, 여윈잠이 있다.

'겉잠'의 '겉'은 겉으로만 보아 대강 한다는 뜻을 갖는다. 대강 자는 잠, 겉으로만 잘 것 같은 '겉잠'은 따라서 깊이 들지 않은 잠, 또는 겉으로만 눈을 감고 자는 체하는 일을 뜻한다. **'수잠'**도 깊이 들지 않은 잠을 뜻한다. 수잠은 '수흐줌'의 형태로 16세기부터 문헌에서 나타나는데, 18세기 '수후줌', '수우줌'으로 변형되었다가 현대 국어의 '수잠'으로 축약됐다. '수흐'의 어원은 알기 어렵다고 한다. **'여윈잠'**도 선잠의 일종일 거란 느낌이 드는데, 이는 '여위다'의 뜻이 연상되기 때문일 것이다. '여위다'는 흔히 알고 있는 '몸의 살이 빠져 파리하게 되다'와 더불어 '빛이나 소리 따위가 점점 작아지거나 어렴풋해지다'라는 뜻이 있다. 약해지고 옅어진다는 느낌의 '여위다'와 '잠'이 만난 '여윈잠'은 깊게 못 드는 잠을 표현하는 데 안성맞춤이다. '겉잠', '수잠', '여윈잠'은 모두 잠에 깊이 들지 못해 어두운 밤을 겉돌다 파리하게 지쳐 버린 잠의 모습을 품고 있다.

걱정이 많은 날에는 마음을 졸이다 겨우 잠들기 일쑤다. '너무 걱정되고 불안해서 어젯밤에 잠을 제대로 못 잤어'라는 말을 한 단어로 설명할 수 있는 순우리말이 있다. 바로 **'사로자다'**이다. '사로자다'는 염려가 되어 마음을 놓지 못하고 조바심하며 잔다는 뜻이다. '사로자다'를 명사화하여 **'사로잠'**이라고 말할 수도 있다.

잠이 오지 않는 밤에는 누운 채로 뒤척거리며 잠들려고 애를 쓴다. 바로 누웠다가 모로 눕기도 하고, 잠이 잘 온다는 빗소리를 찾아 틀어 놓기도 하고, 5분이면 잠에 빠져든다는 명상 채널을 켜 놓기도 하는 밤. 이 밤의 모든 행동을 압축적으로 표현한 순우리말이 있다. **'고상고상하다'**이다. '고상고상하다'는 잠이 오지 않아 누운 채로 뒤척거리며 애를 쓴다는 뜻이다. 잠들려고 애쓰는 모양을 **'고상고상'**이라는 부사로 표현할 수도 있다.

잠이 오지 않아 고상고상하다가 가끔 얕은 잠이 들기도 하는데, 이런 잠에선 금방 깨어나 이불 속 현실로 돌아오기 일쑤다. 자다 말고 자꾸 깨어서 자는 둥 마는 둥 하는 잠을 두고 **노루잠**, **토끼잠**, **괭이잠**, **벼룩잠**이라고 부른다. 촉각을 세우고 살아가야 해서 깊은 잠에 빠져들 수 없는 여린 동물들의 이름에서 따온 말이다.

'괭이잠'에서 '괭이'는 고양이를 뜻하는 말이다. '벼룩잠'은 노루, 토끼, 고양이처럼 실제로 자주 잠에서 깨어나야만 하는 동물들의 특징에서 출발한 단어는 아니다. 벼룩잠은 여기저기 뛰어다니는 벼룩의 특징과 자다 깨다 반복하는 모습을 연결 지어 만든 말이라 볼 수 있다. 간혹 잠에서 깨었다가 다시 잠드는 행운을 맞이하기도 하는데, 한번 들었던 잠이 깨었다가 다시 드는 잠을 **'두벌잠'**이라고 한다. '두벌'은 초벌 다음에 두 번째로 하는 일, 또는 두 번 하는 일을 뜻하므로 처음 든 잠 다음에 두 번째로 자는 잠을 두벌잠이라 부르는 것이다. 비슷한 뜻으로 **'그루잠'**도 있다. 그루잠 역시 깨었다가 다시 든 잠을 말한다.

왜인지 잠들지 못해 꼬박 새우게 되는 밤을 **'건밤'**이라 부른다. '건'의 사전적 정의는 ①'마른', '말린'의 뜻을 더하는 접두사, ②'겉으로만'의 뜻을 더하는 접사이다. 한숨도 잠을 자지 않고 뜬눈으로 새운 밤, 깊은 밤 충실한 수면을 취하지 못하고 겉돈 건밤은 어쩐지 바싹 말라 언제라도 부서질 것 같다.

건밤을 보냈다면 어디든 쓰러져서 잠시나마 **등걸잠**에라도 빠져들고 싶을 것이다. 등걸잠은 '옷을 입은 채 아무것도 덮지 않고 아무 데나 쓰러져 자는 잠'을 뜻하는 말로, 잠옷으로 갈아입고 침대에 누워 이불을 덮고 포근히 잠자리에 드는 것과는 정반대다.

불면의 밤에 이름을 붙여 주다 불현듯 든 생각, 순우리말에는 의외로 단잠을 뜻하는 어휘가 적다는 것이다. 배회하는 생각들로 어두운 밤을 보내는 사람들이 많아서일까. 나만 그런 게 아니라는 생각에 작은 위로를 받는다.

어린 날 까무룩 잠들던 밤이 떠올랐다. 낮게 깔린 텔레비전 소리 위로 어머니와 아버지의 나직한 목소리가 가까워졌다가 어렴풋이 멀어지며 **풋잠**에 빠져들던 그 안온한 순간을 기억한다.

그 밤, 나는 느닷없이 풋사과의 덜 익은 달콤함을 느끼며 영글지 못한 미숙한 잠, 풋잠이 들었을지도 모르겠다. 풋잠을 지나 **귀잠**에 든 나는 두 팔을 머리 위로 벌리고 아기처럼 세상 모르게 **나비잠**에 들었을 것이다. 그러곤 깊고 깊은 **꽃잠**에 들어 꿈속을 넘나들었을 테지.

어리어리하다 [형] 겉잠이나 얕은 잠이 설핏 든 듯하다.
겉잠, 수잠, 여윈잠 [명] 깊이 들지 않은 잠.
사로자다 [동] 염려가 되어 마음을 놓지 못하고 조바심하며 자다.
사로잠 [명] 염려가 되어 마음을 놓지 못하고 조바심하며 자는 잠.
고상고상하다 [동] 잠이 오지 않아 누운 채로 뒤척거리며 애를 쓰다.
고상고상 [부] 잠이 오지 않아 누운 채로 뒤척거리며 애를 쓰는 모양.
노루잠, 토끼잠, 괭이잠, 벼룩잠 [명] 깊이 들지 못하고 자꾸 놀라 깨는 잠.
두벌잠 [명] 한 번 들었던 잠이 깨었다가 다시 드는 잠.
그루잠 [명] 깨었다가 다시 든 잠.
건밤 [명] 잠을 자지 않고 뜬눈으로 새우는 밤.
등걸잠 [명] 옷을 입은 채 아무것도 덮지 아니하고 아무 데나 쓰러져 자는 잠.
풋잠 [명] 잠든 지 얼마 안 되어 깊이 들지 못한 잠.
귀잠 [명] 아주 깊이 든 잠.
나비잠 [명] 갓난아이가 두 팔을 머리 위로 벌리고 자는 잠.
꽃잠 [명] 깊이 든 잠.

15 ● 빛이 내딛는 걸음걸음

볕뉘
작은 틈을 통하여 잠시 비치는 햇볕

내 노트북을 켜면 앤털로프 캐니언 사진이 바탕화면으로 뜬다. 노트북을 켤 때마다 궁금해하곤 했다. 저 몽환적인 풍광은 실제 가서 봐도 같을까, 아니면 카메라 렌즈나 필터가 창조해 낸 작품에 불과한 것일까 하고. 그러다 얼마 전 나의 궁금증이 풀릴 기회가 생겼다. 앤털로프 캐니언에 직접 가 보게 된 것이다.

수백만 년 전 작은 계곡에 불과했던 앤털로프 캐니언은 오랜 세월 물이 지층으로 흘러들어 사암의 표면에 물결을 새기고, 바람이 기묘한 곡선을 만들며 생겨난 협곡이다. 인디언들은 앤털로프 캐니언을 두고 물이 바위를 뚫고 흐르는 곳이라 불렀다 했다.

앤털로프 캐니언이 발견된 순간도 신비롭기 이를 데 없다. 앤털로프 캐니언은 1931년 미국 애리조나주 나바호에서 양 떼에 풀을 먹이던 한 인디언 소녀에 의해 발견됐다. 사라진 양을 찾아 나선 한 인디언 소녀가 허허벌판을 떠돌다 좁디좁은 협곡 입구를 우연히 찾았고, 홀린 듯 협곡 속을 들어갔다가 앤털로프 캐니언을 발견한 것이다.

이렇게 신비한 이야기들이 한가득 포개진 곳에 내가 오게 됐다니. 부풀어 오른 마음으로 안내소에 도착한 나는 원주민들의 안내에 따라 털컥거리는 지프차를 타고 사막을 달려 앤털로프 캐니언에 도착했다. 햇빛이 사정없이 이글거리며 내리치는 곳. 지평선 끝까지 펼쳐진 주홍빛 모래사막. 그 길 한가운데를 달리고 있는 지프차 속 내가 볼펜으로 대충 찍은 점보다 작게 느껴지는 순간이었다. 이곳에 처음으로 발을 내디딘 100여 년 전 인디언 소녀도 이런 마음이었을까.

지프차에서 내려 조금 걸어가자 캐니언 입구가 나왔다. 어둑어둑한 캐니언 입구로 들어서는 순간, 몇 걸음 내딛기도 전에 내 익숙한 세계의 불이 딸깍 맥없이* 꺼져 버렸던 것으로 기억한다. 세상과 일순 단절된 나는 알 수 없는 어떤 세계 속을 더듬으며 걸어 들어가고 있었다.

사방으로 뻗친 햇살이 협곡의 좁은 틈 사이사이를 타고 내려오는 중이었다. 우리는 **벌뉘**가 바닥에 그려 낸 미로를 따라 조용히 걸어갔다. 수백만 년 시간 속 물과 바람이 남긴 흔적을 가만히 만져 보았다. 협곡의 표면은 이제 막 초벌을 끝내고 나온 도자기처럼

• **맥없다** 기운이 없다.

보슬보슬한 부드러움을 간직하고 있었다.

물과 바람의 시간이 만들어 낸 협곡. 오랜 세월 동안 어느 날의 바람은 부드럽게 협곡의 등을 어루만졌다가 어느 날은 매몰차게 몰아쳤을 테지. 어느 날의 물은 협곡과 천진한 장난을 치다가 어느 날은 사정없이 할퀴고 지나갔을 테고. 그러나 흘러간 시간은 모든 앙금의 경계를 허물어뜨린 듯 물과 바람의 시간은 한없이 부드럽고 평화로운 세월의 무늬와 질감을 남겼을 뿐이었다.

우리가 걸음을 내디딜 때마다 햇살도 방향을 달리하며 내리쬐고 있었다. 빈틈 사이사이를 기웃대는 볕뉘를 협곡은 단단한 빛기둥으로 단장해 내려보냈던 것일까. 바닥으로 떨어진 빛 부스러기들은 온전히 곱고 선명했다. 맑은 빛들은 협곡의 표면을 오렌지색으로 채색했다가 돌연 창백한 푸른빛으로 물들이며 협곡의 낯빛을 시시각각 바꾸어 놓았다. 매 순간 새로운 떨림으로 태어나겠다는 듯이.

두 시간여가 지났을까. 나는 바람과 물, 빛이 만들어 낸 몽롱한 시간을 지나 협곡을 빠져나왔다. 협곡을 나오자마자 산만한 햇발*이 머리 위로 한꺼번에 쏟아졌다.

내일의 협곡은 오늘과는 다른 빛을 빚어 낼 거야. 매일 새로운 날이 시작되고 새로운 빛줄기가 쏟아지겠지. 내일이면 우리에게도 새로운 날, 새로운 빛들이 찾아올 거야. 어제의 고단함과 그늘

● **햇발** 사방으로 뻗친 햇살.

들을 조용히 안고서, 오늘의 어린 빛을 가만히 끌어안고 앞으로, 앞으로 걸어가 보는 거야. 작은 틈으로 비치는 볕뉘를 따라 빛이 향하는 곳, 그곳으로 한 걸음만 앞으로 발을 떼어 보는 것. 그것만으로 우리는 충분하지 않겠니. 이런 생각들이 오갔던 순간.

협곡에서 멀어질수록 햇살은 내 머리 위로 더욱 제멋대로 쏟아졌다. 두 손으로 해를 가리다 말고 멈춰 서 눈을 감았다. 따사한 햇발이 온몸으로 나를 꼭 안아 주고 있었다. 다시는 만날 수 없을 오늘의 햇빛을 나 역시 온 마음을 다해 안아 주었다.

내일이면 우리에게도 새로운 날,
새로운 빛들이 찾아올 거야.
어제의 고단함과 그늘들을 조용히 안고서,
오늘의 어린 빛을 가만히 끌어안고
앞으로, 앞으로 걸어가 보는 거야.
작은 틈으로 비치는 볕뉘를 따라 빛이 향하는 곳,
그곳으로 한 걸음만 앞으로 발을 떼어 보는 것.
그것만으로 우리는 충분하지 않겠니.

햇살과 맑음을 부르는 순우리말

    우리는 해에서 나오는 빛의 줄기를 흔히 햇빛, 햇살, 햇볕 정도의 단어만을 번갈아 가며 쓴다. 해가 막 떠오를 때 내비치는 빛에든, 작은 틈 사이사이로 비칠 때든, 중천에 떠 작열하는 빛에든, 하루를 마치고 돌아서는 빛에든 우리는 그들 모두에 '햇빛'이란 이름만을 붙여 주었다. 그러나 이 모든 빛의 순간에는 제각각 다른 이름이 있었다.

    새벽 동이 틀 무렵부터 가 보자. 먼저 해가 돋을 무렵을 이르는 말로는 **'해뜰참'**이 있다. 해뜰참이 되어 새벽녘에 해가 떠오르기 시작하면 세상은 막 밝아지기 시작한다. 해의 등장을 예고하듯 사위는 점점 밝아오는데 아직은 희끄무레한 상태, 이때를 우리는 **'갓밝이'**라고 한다. 날이 막 밝아지는 무렵을 뜻한다.

    해가 막 뜨려는 순간 슬며시 밝아지는 순간을 보여 주는 단어가 있다. 바로 **'희붐하다'**이다. **'붐하다'**라고 쓰기도 한다. 해가 막 떠오르기 시작할 때 환하고도 푸르스름한 빛을 띠는 것을 **'동살'**이라고도 부른다. 동살과 유사한 뜻으로 **'돋을볕'**과 **'햇귀'**가 있다. 돋을볕은 해돋이 무렵 처음으로 솟아오르는 햇볕을 뜻하고, 햇귀는 해돋이 때 처음으로 비치는 빛을 뜻한다. 햇귀는 햇발과 함께 사방으로 뻗친 햇살이라는 뜻으로도 쓰인다.

떠오른 해가 화사하게 빛을 내리비추면 햇살은 사방으로 뻗어 나간다. 양팔을 쭉 뻗듯 펼쳐진 햇살을 이르는 말로 **'햇발'**이 있다. 유사한 말로 **'햇살'**도 있다. '햇살'의 정의를 사전에서 찾아보면 '해에서 나오는 빛줄기'라고 쓰여 있다. 햇살은 우리에게 잘 알려져 이미 평범해진 단어지만, **'빛줄기'**라는 아름다운 뜻풀이를 읽고 나면 햇살이 어쩐지 새롭게 느껴진다.

옅은 구름이나 안개가 드리운 날이면 구름에 가린 해 둘레에 환하고 둥근 테두리가 나타날 때가 있다. 이 동그랗고 하얀 테두리를 **'햇무리'**라고 한다. 또 비나 눈이 오는 흐린 날에 잠깐 비쳤다가 숨어 버리는 볕을 뜻하는 말이 있다. **'여우볕'**이다. 눈치가 빠르고 민첩한 여우에 빗대어 생긴 말이다.

해가 질 무렵은 어떤가. 해가 서쪽으로 점차 기울어 가는 무렵을 뜻하는 말로는 **'해거름'**이 있다. '이야기 나누다 보니 어느새 해거름이 되었다', '해거름에 돌아가려고 한다' 등과 같이 쓸 수 있다. 한편 12월 31일이 되면 지는 해를 보며 한 해와 작별 인사를 나누는데, 해가 지평선이나 수평선 아래로 잠겨 버리는 때를 흔히 일몰이라고 부른다. 그 순간을 순우리말로 **'해넘이'**라고 말한다.

'해가 질 때까지'를 뜻하는 **'해껏'**이라는 단어도 있다. '하루도 빼놓지 않고 해껏 일하지만 나아지는 것은 하나 없다'와 같이 쓴다. 해는 노을을 하늘에 드리우며 저물 준비를 하는데, 긴 여름이 지나고 가을이 되면 그 시간은 점점 짧아진다. 가을철, 해가 지는 짧은 시간을 이르는 순우리말로는 **'햇덧'**

이 있다. '덧'은 얼마 안 되는 짧은 시간을 이르는 말이다.

    햇살이 존재감을 드러내는 것은 해가 뜰 무렵과 질 무렵뿐만이 아니다. 개인적인 취향이지만 나는 좁은 틈 사이로 곧게 뻗치는 햇살을 보는 것을 좋아한다. 그 햇살을 가리키는 말이 있다. **'빛기둥'**이다. 빛기둥은 햇빛으로 손장난을 치던 어린 날로 나를 종종 데려다준다. 또 빽빽한 나뭇잎 사이 좁은 틈으로 햇살이 그려 내는 **어룽어룽한** 빛도 좋아한다. 그 빛은 작은 바람이나 사람들의 발걸음에도 명멸하는데, 작은 틈 사이 그늘진 곳에 잠시 비치는 햇볕을 **'볕뉘'**라고 부른다. 한순간 반짝이다 사라져 버리는 볕뉘는 낮에 오는 다정한 별이 아닐까, 하는 실없는 생각을 한다.
    쏟아 내리는 햇빛은 맑고 투명하다. 그 속으로 들어가면 뭐든 환히 비쳐 반짝거린다. 환하게 비쳐 보일 만큼 맑고 투명한 것은 뭐라고 표현할 수 있을까? **'괭하다'**라고 한다. 또 산뜻하게 맑은 것을 표현할 땐 **'말갛다'**를 쓴다. '해가 나자, 구름이 걷히고 하늘이 말갛게 개었다'라고 쓰면 되겠다. 아주 맑은 것을 표현할 때는 **'새맑다'** 또는 **'드맑다'**라고 한다.

    볕이 맑고 좋은 날이면, 해가 오롯이 내리쬐는 베란다에 서서 잠시 눈을 감고 햇살을 맞는다. 이렇게 **해바라기**를 할 때면 그 어느 때보다 마음이 명랑해진다. 다 괜찮아질 거란 막연한 안도감이 사방으로 뻗친다. 쏟아지는 햇발처럼.

우리말 뜻풀이

해뜰참 명 해가 돋을 무렵.
갓밝이 명 새벽 동이 틀 무렵의 희끄무레한 상태. 날이 막 밝을 무렵.
희붐하다/붐하다 형 날이 새려고 빛이 희미하게 돌아 약간 밝은 듯하다.
동살 명 해돋이 전 동이 트면서 푸르스름하게 비치는 빛줄기.
돋을볕 명 해돋이 무렵 처음으로 솟아오르는 햇볕.
햇귀 명 해돋이 때 처음으로 비치는 빛. / 사방으로 뻗친 햇살.
햇발 명 사방으로 뻗친 햇살.
햇살 명 해에서 나오는 빛의 줄기. 또는 그 기운.
빛줄기 명 빛을 내며 움직이는 물체에서 보이는 빛의 줄기.
햇무리 명 햇빛이 대기 속의 수증기에 비치어 해의 둘레에 둥글게 나타나는 빛깔이 있는 테두리.
여우볕 명 비나 눈이 오는 날 잠깐 났다가 숨어 버리는 볕.
해거름 명 해가 서쪽으로 넘어가는 일. 또는 그런 때.
해넘이 명 해가 지평선이나 수평선 아래로 잠기는 때.
해껏 부 해가 질 때까지.
햇덧 명 해가 지는 짧은 동안.
빛기둥 명 좁은 틈 사이로 뻗치는 빛살.
어룽어룽하다 동 뚜렷하지 아니하고 흐리게 자꾸 어른거리다.
볕뉘 명 작은 틈을 통하여 잠시 비치는 햇볕.
괭하다 형 물체가 환히 비쳐 보이도록 맑고 투명하다.
말갛다 형 산뜻하게 맑다.
새맑다/드맑다 형 아주 맑다.
해바라기 명 추울 때 양지바른 곳에 나와 햇볕을 쬐는 일.

16 ● 어른이라는 더께가 내려앉기 전에

상그레하다
눈과 입을 귀엽게 움직이며 소리 없이 부드럽게 웃다

한 여덟 살쯤 돼 보이는 여자아이였다. 횡단보도 앞에 선 아이는 가방끈을 양손으로 꼭 붙잡고 서 있었다. 한쪽으로 짧게 묶어 삐죽 튀어나온 머리에 큰 리본 핀을 꽂은 아이. 상기된* 얼굴이 마치 복숭아 같았다.

내가 아이를 발견한 건 우회전을 하려고 슬슬 핸들을 꺾던 순간이었다. 때마침 신호등이 파란불로 바뀌었고, 나는 평소보다 횡단보도에서 다소 멀찍이 떨어져 멈춰 섰다. 아이가 편하고 안전하게 건널 수 있기를 바라는 내 나름의 배려였다.

그런데 이상한 일이었다. 아이는 길을 건너지 못하고 내 눈치를 계속 살피며 머뭇거리는 게 아닌가. 앞으로 겨우 내디딘 걸음을 거두었다 다시 내딛기를 반복했다. 나는 차 안에서 지나가라고 재차

● **상기(上氣)되다** 흥분이나 부끄러움으로 얼굴이 붉어지다.

손짓했지만, 산란한* 햇빛에 흩어진 내 손동작이 아이에게 보일 리 만무했다. 그사이 신호등의 파란불이 서둘러 길을 건너라고 재촉하듯 점멸하기 시작하자, 아이는 떠밀리다시피 마지못해 걸음을 떼었다. 아이가 의지할 데라고는 하늘을 찌를 것처럼 치켜든 오른손밖에 없어 보였다. 보다 못한 나는 창문을 내렸다. 그리고 아이 쪽으로 손을 쭉 뻗어 휘저으며 소리쳤다.

"가도 돼. 괜찮아!"

아이는 동그래진 눈으로 나를 쳐다보다 이내 알아들었다는 듯 **상그레하더니** 단걸음에* 달려갔다. 나는 아이의 양발이 보도블럭에 올라선 것을 확인하고서야 브레이크에서 발을 떼고 핸들을 풀었다.

집으로 돌아가는 길 내내 아이를 생각했다. 파란불에도 갈까 말까를 망설이던 아이. 아이는 그동안 어른들로부터 얼마만큼의 보호와 배려를 받아 왔을까. 자란 키만큼 배려의 경험치를 쌓을 수 있었을까, 하고.

아이들이 어른들로부터 너그러운 대접을 받을 수 있기를 바란다. 아이들이 서투름을 채워 나갈 때까지 어른들의 시간을 넉넉히 보태 주었으면 좋겠다. 아이들이 응당* 보호받고 있다고 느끼며 상그레한 눈인사를 느긋하게 나눌 수 있었으면 좋겠다.

아이들의 시간 속에서는 복숭아 향이 날 것 같은 상그레한 웃음

- 산란(散亂)하다 흩어져 어지럽다.
- 단(單)걸음에 쉬지 아니하고 곧장.
- 응당(應當) 그렇게 하거나 되는 것이 이치로 보아 옳게.

을 자주 꺼내 볼 수 있기를 바란다. 어른이라는 더께˙가 앉아 버리기 전에 마음껏 지어볼 수 있는, 초여름을 닮은 싱그럽고 수줍은 그 웃음 말이다.

- **더께** 몹시 찌든 물건에 앉은 거친 때.

아이들의 시간 속에서는
복숭아 향이 날 것 같은 상그레한 웃음을
자주 꺼내 볼 수 있기를 바란다.
어른이라는 더께가 앉아 버리기 전에
마음껏 지어볼 수 있는,
초여름을 닮은
싱그럽고 수줍은 그 웃음 말이다.

웃음을 부르는 순우리말

우리에게는 어떤 웃음들이 있을까? 웃음과 관련한 다양한 단어를 알게 된다면 웃음 아래 깔린 내 마음도, 상대의 웃음과 마음도 더 선명하게 느끼고 알아채 색색의 웃음을 더 자주 지을 수 있을 것 같다.

어린이들의 세상 속 웃음은 잇속을 챙기지 않는다. 아이들의 웃음은 마음을 투명하게 통과해 나온 웃음 그대로다. 복잡하게 계산된 웃음이 적은 까닭에 모습도 소리도 청아하다. 그래서일까. 웃음과 관련한 순우리말에는 유독 아이들의 웃음에 관한 것이 많다.

먼저 **'앙실방실하다'**라는 말이 있다. '앙실방실하다'는 어린아이가 소리 없이 귀엽고 환하게 웃는다는 뜻이다. 우리가 이미 알고 있는 단어 **'방실방실하다'** 덕분에 '앙실방실하다'를 보면 웃음을 쉽게 연상할 수 있다. '앙실'이라는 단어는 단독으로 존재하지 않는 단어지만, '앙실'이 전달하는 부드러운 음운적 특성으로 인해 어쩐지 동글동글한 웃음, 볼그레한 볼을 가진 아이가 방긋 웃는 모습이 떠오른다.

어린아이의 웃음과 관련된 또 다른 단어로는 **'앙글앙글하다'**와 **'앙글방**

글하다', '앙글거리다', '앙글대다'가 있다. 모두 어린아이가 소리 없이 귀엽게 웃는다는 뜻이다. 그러나 이들은 앞선 '앙실방실하다'가 어린아이의 순수한 웃음만을 뜻하는 것과는 달리 검은 속내를 내비치는 웃음을 뜻하기도 한다. 무언가를 자꾸 속이고 꾸며서 웃는 웃음, 미심쩍고 께름한 웃음을 나타낼 때도 있다.

소리 내지 않는 웃음인 '볼웃음'도 떠오른다. 볼웃음은 입을 벌리거나 소리 내지 않고 볼 위에 표정으로 드러내는 웃음을 말한다. 볼 위에 드러내는 웃음은 어떤 웃음일까? 즐거움이 양 볼 가득 볼록하게 찬 모습일 것이다.

소리 없는 웃음은 이 밖에도 다양하다. 우리가 흔히 알고 있는 소리 없는 웃음인 '방그레하다', '빙그레하다'도 떠올릴 수 있다. 눈과 입을 귀엽게 움직이며 소리 없이 부드럽게 웃는다는 뜻의 '상그레하다', 이와 유사한 '방시레하다'도 눈여겨봄 직하다. '방시레하다'는 소리 없이 입을 예쁘게 벌리고 밝고 보드랍게 살그머니 웃는다는 뜻이다.

눈과 입을 귀엽게 움직이며 소리 없이 정답게 웃는 뜻의 단어 '생글생글하다'와 '상글상글하다'도 있다. 만족스러워 귀엽게 한 번 살짝 웃는다는 뜻의 '해죽하다'도 기억해 두면 좋겠다.

이쯤에서 소리 내어 웃는 웃음도 생각해 보자. 대표주자로 '너털웃음'이 있다. 너털웃음은 크게 소리를 내어 시원하고 당당하게, 가가대소하는 것을 뜻한다. 여러 사람이 함께 소리 내 웃기도 하는데, 이 웃음을 '뭇웃음'이라고 한다. '뭇'은 수가 매우 많다는 뜻이다.

한편 채신없이 웃는 웃음도 있다. 이를 염소 울음소리에 비유해 **'염소웃음'**이라고 부르기도 한다. 염소웃음이 나온 김에 경망스러운 웃음을 뜻하는 또 다른 단어를 살펴보자. **'해득거리다'**, **'해득대다'**, **'해득해득하다'**가 있다. 가볍고 경망스럽게 자꾸 웃는 사람을 두고 이 단어를 쓸 수 있다.

조심성이 없어 보일까 참으려고 했지만 참지 못하는 웃음들도 있다. 배어나는 웃음을 멈추지 못해 입속으로 자꾸 웃는 **'키들거리다'**, 그리고 돌이켜보면 별로 웃기지도 않았는데 그 순간엔 웃음을 걷잡지 못해 싱겁게 자꾸 웃게 되는 웃음 **'해들해들하다'**, 웃음을 참다 못해서 높고 날카로운 웃음소리가 입속에서 퍼져 나가고야 만 **'캐들캐들하다'**가 있다.

웃음 참기에 성공한 웃음도 있다. 겉으로 드러내지 않고 속으로 웃는 웃음인 **'속웃음'**이 그 주인공이다. 고요하고 평화로운 웃음, 살랑살랑 부는 바람에 가볍게 일렁이는 물결 같은 웃음도 있다. 잔잔한 웃음 **'잔웃음'**이다.

'웃음'이라는 글자는 그 자체로 웃고 있는 모습을 형상화한 것만 같아 웃음이라는 단어가 붙기만 해도 행복한 미소가 절로 지어진다. 그러나 웃음이라고 다 같은 웃음이 아니다. 마음에도 없이 겉으로만 웃는 웃음인 **'겉웃음'**, 우습지도 않은데 꾸며서 웃어 주는 웃음 **'선웃음'**, 어이가 없거나 마지못하여 짓는 **'쓴웃음'**, 쌀쌀한 태도로 비웃는 **'찬웃음'**이 있다. 우리 모두에겐 이런 서글픈 웃음을 지어야 할 때도 있었다.

우리말 뜻풀이

앙실방실하다 동 어린아이가 소리 없이 귀엽고 환하게 웃다.

방실방실하다 동 입을 예쁘게 살짝 벌리고 자꾸 소리 없이 밝고 보드랍게 웃다.

앙글앙글하다/앙글방글하다/앙글거리다/앙글대다 동 어린아이가 소리 없이 잇따라 귀엽게 웃다. / 무엇을 속이면서 계속 꾸며서 웃다.

볼웃음 명 입을 벌리거나 소리를 내지 아니하고 볼 위에 표정으로 드러내는 웃음.

방그레하다/빙그레하다 동 입만 예쁘게 조금 벌리고 소리 없이 보드랍게 웃다.

상그레하다 동 눈과 입을 귀엽게 움직이며 소리 없이 부드럽게 웃다.

방시레하다 동 소리 없이 입을 예쁘게 벌리고 밝고 보드랍게 살그머니 웃다.

생글생글하다/상글상글하다 동 눈과 입을 귀엽게 움직이며 소리 없이 자꾸 정답게 웃다.

해죽하다 동 만족스러운 듯이 귀엽게 살짝 한 번 웃다.

너털웃음 명 크게 소리를 내어 시원하고 당당하게 웃는 웃음.

뭇웃음 명 여러 사람이 함께 웃는 웃음.

염소웃음 명 염소처럼 채신없이 웃는 웃음을 비유적으로 이르는 말.

해득거리다/해득대다/해득해득하다 동 가볍고 경망스럽게 자꾸 웃다.

키들거리다 동 웃음을 걷잡지 못하여 입속으로 자꾸 웃다.

해들해들하다 동 걷잡지 못하는 웃음을 조금 싱겁게 자꾸 웃다.

캐들캐들하다 동 웃음을 걷잡지 못하여 조금 높고 날카롭게 입속으로 자꾸 웃다.

속웃음 명 겉으로 드러내지 아니하고 속으로 웃는 웃음.

잔웃음 명 잔잔한 웃음.

겉웃음 명 마음에도 없이 겉으로만 웃는 웃음.

선웃음 명 우습지도 않은데 꾸며서 웃는 웃음.

쓴웃음 명 어이가 없거나 마지못하여 짓는 웃음.

찬웃음 명 쌀쌀한 태도로 비웃음. 또는 그런 웃음.

17 ● 괜찮아, 좀 울어도 괜찮아

속울음
겉으로 눈물을 흘리거나 소리를 내지 아니하고 속으로 우는 울음

엄마가 되자마자 나는 아이의 울음과 직면해야 했다. 아이는 종일 울었다. 엄마가 되면 아이 울음소리만 들어도 그 이유를 알게 된다고들 했지만, 나는 아니었다. 아이의 울음으로부터 미세한 차이를 발견해 나름의 규칙을 찾아내고 싶었지만, 나는 번번이 실패했다. 배가 고파 우는 줄 알고 젖병을 물리면 기저귀가 불편한 것이었고, 기저귀가 축축해서 우나 싶어 보면 잠투정이었다. 내가 예측한 아이 울음의 이유는 매번 빗나갔다. 아이의 울음은 내게 영원히 알아낼 수 없는 어느 미지의 영역이 된 것 같던 때였다.

그러나 나는 아이의 울음을 해결하고 싶었다. 울음은 멈추어야 하는 부정적인 어떤 것이니까. 우는 아이는 어딘가 불편한 거니까. 그러니까 아이의 울음을 얼른 멈추게 하고 싶었다. 어디선가 본 적

있는, 이상적인 엄마들이 아이의 울음을 평화롭게 잠재우는 그 장면을 나도 연출해 보고 싶었다. 내 품에 안기는 순간 아이도 곧장 울음을 뚝 그치길 바랐다. 이런 이유들은 아이의 울음 앞에 선 나를 오히려 조바심으로 발을 동동 구르게 했다.

"왜 울어, 왜 울어. 왜 그래, 울지 마. 그만 울어. 뚝 그쳐야지."

당시의 나는 끝내 아이의 울음을 재우지 못했다. 그러나 시간은 흘렀고 아이는 자랐다. 코끝이 빨갛게 불타오르며 울음이 막 터져 나오려 해도, 아이는 파르르 떨리는 입술을 단단히 걸어 잠그고 **속울음**을 삼켜 보려는 나이가 되었다.

아이가 훌쩍 커 버렸다고 느꼈던 어느 날, 문득 이런 생각이 들었다. 투명한 마음으로 마음껏 울지 못하는 시간 속으로 우리 모두 향해 간다고. 누군가 내 울음을 이해하고 해결해 줄 거란 천진한 믿음으로, 힘껏 울 수 있는 안온한 울음의 순간은 일생에서 금세 사라져 버린다는 생각.

이윽고 작은 결심이 잇따랐다. 네가 어느 날 눈물을 글썽이면, 울음을 터뜨리면 엄마는 이렇게 말해 줄 거야, 같은 속다짐들.

'괜찮아. 울어도 돼. 편히 울어도 돼. 삼킨 눈물이 뒷모습에 부옇게 스미는 어른이 되기 전에 마음껏 울어. 그래도 괜찮아. 엄마가 꼭 안아 줄게. 알알이 구슬 같은 눈물 내려 놓아도 괜찮아. 엄마가 얼마든 안아 줄 테니까.'

나는 잔울음들을 만나면 아프다.
드러내 놓지 못하는 슬픔,
누구에게 기댈 기대조차 할 수 없는
슬픔을 혼자 삼켜야 하는
그 아픔의 무게 때문이다.

소리 죽여 울어야 하는 슬픔은,
울 힘조차 남아 있지 않은 슬픔의 깊이는
대체 얼마나 깊은 것인가.

울음을 부르는 순우리말

아이들의 천진하고 투명한 울음과 관련된 순우리말을 찾아보자. 먼저 갓난아기가 자지러지게 우는 울음은 뭐라고 표현할 수 있을까? **'까르륵대다'**이다. 이 단어를 보고 의아하게 느낄 수도 있다. '까르륵'은 흔히 아이들이 웃는 소리를 뜻하는 단어로 쓰이기 때문이다. 그러나 '까르륵대다'는 젖먹이가 매우 자지러지게 운다는 뜻으로도 쓰인다. 아마도 갓난아기가 울 때 내는 특유의 맑고 높은 카랑카랑한 목소리가 청량한 웃음소리와 닮아서인 것 같다.

아이들은 크고 우렁차게 울 때가 많다. 어린아이가 크게 울 때 **'앙앙하다'**, **'앙앙거리다'**를 쓴다. 어린아이가 응석을 부리며 울 때는 어떤가. 이때는 **'응응대다'**를 쓴다. 아이의 울음을 언제나 이해하려고 하지만 밉게 보일 때도 드물지 않다. 아이가 입을 찡그리듯 벌리고 밉살스럽게 계속 울 때 뭐라고 표현하면 좋을까? **'잉잉하다'**를 쓰면 된다.

아이들은 부러 우는 척을 할 때가 종종 있다(물론 어른도 그럴 때가 있다). 눈물을 무기 삼아 원하는 것을 얻기 위해서다. 진심이 담기지 않은 울음을 표현하는 순우리말에는 어떤 것이 있을까? 마음에 없이 겉으로만 우는 울음인 '**겉울음**', '**건성울음**'이 그것이다. 아이들이 눈치를 살살 살피며 눈물 없이 소리로만 울 때가 있는데, 이런 억지 울음은 '**강울음**'이라고 부른다.

이번에는 아이와 어른이 크게 울 때 두루 쓸 수 있는 순우리말을 살펴보자. 목을 놓아 크게 울 때 '**엉엉대다**'를, 몹시 심하게 울 때 '**들이울다**'를 쓴다. 간장(肝腸)이 끊어질 듯한 슬픔이 닥쳐 왔을 때는 어떤가. 어처구니없는 슬픔을, 운명을 받아들일 수 없을 때는 어떤가. 무용할지언정 우리는 소리를 내어 울어 본다. 소리 내어 부르짖으며 우는 것을 '**우네부네하다**'라고 한다.

소리를 마구 지르며 우는 모양을 흉내 낸 부사로 '**애고대고**', '**에구데구**'가 있다. '**애고지고**'도 소리 내어 우는 모양을 표현하는데, 이 단어에는 슬픔이 깊게 배어 있다. 또 크게 흐느껴 울면 어깨가 들썩이고 몸이 흔들리듯 움직이게 마련이다. 온몸으로 눈물을 흘리는 듯한 단어 '**흐렁흐렁**'도 기억해 두자. 소리를 지르며 바닥이라도 치고 울면 나아질까 하고 애고지고 울어 보지만, 울음만으로 슬픔을 지워 내기엔 갑작스레 우리에게 닥친 슬픔은 너무나도 깊고 짙다.

큰 소리로 울면 속이라도 시원해질 텐데 그러지 못할 때도 있다. 시원하게 울지 못하고 울음을 참으며 흐느끼듯 울 때는 '**늘키다**'를 쓴다. 겉으로 눈물을 흘리지 못하고 마음속으로만 울어야 할 때도 있다. 이렇게 속으로 우는 울음을 두고 '**속울음**'이라고 한다. 누구에게 들킬까 작은 소리로 우는 울음을 '**잔울음**', 울 힘조차 남지 않아 목이 잠긴 채 우는 울음을 '**목울음**'이라고 한다.

나는 잔울음들을 만나면 아프다. 드러내 놓지 못하는 슬픔, 누구에게 기댈 기대조차 할 수 없는 슬픔을 혼자 삼켜야 하는 그 아픔의 무게 때문이다. 소리 죽여 울어야 하는 슬픔은, 울 힘조차 남아 있지 않은 슬픔의 깊이는 대체 얼마나 깊은 것인가. 꿈쩍도 하지 않는 슬픔의 무게는 대체 얼마만 한 것인가. 겪어야만 알 수 있는 슬픔, 그곳에 배어난 울음은 그래서 더 슬프다.

우리말 뜻풀이

까르륵대다 图 젖먹이가 몹시 자지러지게 잇따라 울다. / 아이들이 자지러지게 잇따라 웃다.

앙앙하다/앙앙거리다 图 어린아이가 크게 울다.

응응대다 图 어린아이가 응석을 부리며 잇따라 울다.

잉잉하다 图 어린아이가 입을 찡그리듯 벌리고 밉살스럽게 자꾸 울다.

겉울음 명 드러내놓고 우는 울음. / 마음에 없이 겉으로만 우는 울음.

건성울음 명 정말 우는 것이 아니라 겉으로만 우는 울음.

강울음 명 눈물 없이 우는 울음. 또는 억지로 우는 울음.

엉엉대다 图 목을 놓아 자꾸 크게 울다.

들이울다 图 몹시 심하게 울다.

우네부네하다 图 소리내어 야단스럽게 부르짖으며 울다. 비 울고불고하다.

우네부네 튄 소리 내어 야단스럽게 부르짖으며 우는 모양. 비 울고불고.

애고대고/에구데구 튄 소리를 마구 지르며 우는 모양.

애고지고 튄 소리를 내어 몹시 슬프게 우는 모양.

흐렁흐렁 튄 몸을 흔드는 듯이 움직이며 크게 흐느껴 우는 모양을 나타내는 말.

늘키다 图 시원하게 울지 못하고 꿀꺽꿀꺽 참으면서 느끼어 울다.

속울음 명 겉으로 눈물을 흘리거나 소리를 내지 아니하고 속으로 우는 울음.

잔울음 명 작은 소리로 우는 울음.

목울음 명 목이 잠긴 채 우는 울음.

18 ● 내게 남은 작은 것에 대한 찬양

오보록하다
자그마한 것들이 한데 많이 모여 다보록하다

텔레비전을 켜니 한 예능 프로그램에서 신문지 게임을 하고 있었다. 이런 걸 아직도 하네 하고 채널을 넘기려는데, 불현듯 초등학생 때 학교에서 신문지 게임을 했던 때가 떠올랐다. 세상에 이렇게 재미있는 놀이가 있다니, 더요, 한 번만 더 해요, 선생님, 하고 외쳤던 기억들과 함께.

게임이 계속될수록 펼쳐진 신문지 면은 절반에서 다시 절반으로 훅 좁혀졌고, 그럴 때마다 아이들은 꺅 소리를 지르며 좁아진 면에 서로 올라서려 안간힘을 썼다. 그 당시엔 좁아진 신문지 면 위로 기어이 올라가야 하는 게임 방식이 어쩐지 쑥스럽다 느꼈기 때문에 나는 번번이 최초 탈락자를 자처하곤 했다.

신문지 게임에서 출발한 내 기억은 엉뚱하게도 신문지 게임과 인생을 결부시키는 쪽으로 이어졌다. 시간이 흘러 인생이 어떤 국면으로 들어설 때마다 행복이 절반으로 접히고 있다는 느낌이 잦아지던 때였다. 좁혀진 신문지 위에 아슬아슬하게 매달린 채 휘슬이 언제 불릴까, 다음번엔 살아남을 수 있을까, 위태로운 불안이 거듭 갱신되는 게임. 내딛는 걸음걸음 슬픔을 밟게 될 확률이 높아지는 게임. 내딛기 겁나지만 내디딜 수밖에 없는 그런 인생 게임을 내가 하고 있다는 생각.

이런 슬픈 게임에 말려들게 된 것은 잃을 수밖에 없는 것들이 늘어 간다는 인생 불변의 비정함 때문일 것이다. 시간은 흐르고 모든 것은 변해 가고, 우리는 아무 일도 없던 것처럼 지내지만 다시는 전과 같아지지 않을 것이라는 걸 알아 가는 슬픔. 당신과 나의 관계가 점차 종말로 향해 가는 걸 바라보는 시간은 말할 수 없는 슬픔이었다.

그래서 우리는 결국 이 심술궂은 인생의 신문지 게임에서 탈락할 수밖에 없는 것인가에 대해 생각해 본다. 이 게임에서만큼은 적어도 최초 탈락자는 되고 싶지 않다. 그렇다면 우리는, 잃어버릴 수밖에 없는 것들 앞에 선 우리는 어떻게 살아갈 것인가. 시간차를 두고 모두에게 공평하게 주어지는 잃어버림의 아픔, 그 상실의 마음들을 우리는 어떻게 안고 걸어갈 수 있을 것인가.

시간은 변함없이 흘러가고 우리는 점점 더 많은 것을 잃어 갈 것이다. 그렇다면 우리에게 남은 유일한 방법은 단 하나. 지금을 더 사랑해야 한다는 것뿐이다. 남겨진 삶을 더 열렬히 사랑하며 우리 곁에 **오보록하게** 머물러 있는 작고 귀한 것들을 찾아 나서야 한다.

이제 내 사랑과 이별을 부드럽게 내려놓는다. 내가 사랑하고 나를 사랑했던 사람들, 우리가 함께했던 그 눈부신 순간이 당연한 것이 아니었음을 깨닫는다. 그토록 빛나던 당신이 내 곁에 한동안 머물러 주어 고마웠다고, 그것이 내겐 축복이었다고 나직한 작별 인사를 건넨다. 내 곁에 남은 작고 귀한 것들을 토닥이고 보살피면서 당신과 온전하게 작별할 용기를 고요히 내어 본다.

알아차리지도 못하고 지나치는
작고 사소한 일들이 우리의 삶이다.
그래서인지 '작다'라는 말 속에는
무엇보다도 귀중한 무언가가 들어 있는 것만 같다.
'작다'라는 말 속에는
소중하고 귀여운 사랑스러움이 묻어나 있다.

작은 것을 부르는 순우리말

눈에 잘 띄지 않아 발견하지 못하고 지나칠 때가 많지만 우리 주변에는 '작아서' 소중한 것이 많다. 기억만 해도 그렇다. 결국 오래도록 기억에 남는 장면은 거창하고 특별했던 날이 아니다. 우리의 생은 사소한 일들이 응집된 집합체이기 때문일 것이다. 제임스 솔터의 《위대한 한 스푼》에는 이런 문구가 나온다.

"삶은 식사다. 삶은 날씨다. 바둑판무늬 식탁보 위에 차린 점심이며, 담배 냄새다. 브리치즈이자 노란 사과이자 자루가 나무로 된 나이프다."

알아차리지도 못하고 지나치는 작고 사소한 일들이 우리의 삶이라는 말이다. 그래서인지 '작다'라는 말 속에는 무엇보다도 귀중한 무언가가 들어 있는 것만 같다. '작다'라는 말 속에는 소중하고 귀여운 사랑스러움이 묻어나 있다.

실제로 '작다'를 뜻하는 순우리말에는 자그마한 것들이 한데 오밀조밀 모여 있는 모양을 흉내 낸 말들이 많다. 그중 나의 마음을 가장 사로잡은 단어는 **'오보록하다'**이다. '오보록하다'는 자그마한 것들이 한데 많이 모여 다보록하다는 뜻인데, 이때 **'다보록하다'**는 풀이나 작은 나무가 탐스럽게 소복하다는 뜻이다. 작고 사소한 귀한 것들이 소복하게 쌓여 있는 느낌, 온몸에 복스러움을 가득 채운 단어 같다.

'오보록하다'와 유사한 말로 **'오복소복하다'**가 있다. 부사로는 **'오복소복'**이라 말한다. '오복소복' 역시 자그마한 것들이 한데 모여 다보록하고 소복한 상태를 뜻한다. 한편 작은 것들이 볼록하게 쌓여 있는 상태가 아닌, 그저 한데 모여 있기만 한 상태를 뜻하는 단어 **'오불오불하다'**가 있다. 어항에 물고기 밥을 넣어 주면 물고기들이 한데 모여드는데, 이런 상황에 '물고기가 오불오불 모여들었다'라고 쓸 수 있겠다.

이번엔 크기가 제각각 다른 작은 것들이 펼쳐져 있을 땐 어떤 순우리말로 표현해 볼 수 있을까? 자잘한 자갈들이 깔린 바닥을 떠올려 보자. 이때 우리는 형용사로는 **'오막조막하다'**, 부사로는 **'오막조막'**이라고 말한다. '자갈들이 오막조막 깔려 있어 걸음걸음 자갈 밟는 소리가 선명하게 들렸다'와 같이 쓸 수 있다.

작은 것들이 주는 귀엽고 사랑스러운 느낌이 물씬 나는 단어들도 있다. 흔히 **'올망졸망'**을 떠올릴 수 있는데, '올망졸망'의 사전적 의미는 '작고 또렷한 것들이 고르지 않게 많이 벌여 있는 모양' 또는 '귀엽고 엇비슷한 아이들이 많이 있는 모양'인데, '올망졸망'은 작고 귀엽다는 의미로 여기저기 폭넓게 쓰인다.

'올망졸망' 대신 사용할 수 있는 단어로 **'올몽졸몽'**, **'올몽졸몽하다'**가 있다. '올몽졸몽'은 귀엽게 생긴 작은 덩어리들이 고르지 않고 빽빽하게 벌여 있는 모양을 뜻한다. 모음 'ㅗ'에서 전달되는 오밀조밀한 느낌 덕분에 '올망졸망'보다 '올몽졸몽'에서 귀여운 느낌이 더 강하게 든다.

    몇 해 전 겨울, 삼척을 갔다가 해 질 무렵 언덕배기에서 바닷가 마을을 내려다본 적이 있었다. 저녁 빛을 받아 발갛게 물든 형형색색의 지붕들은 비현실적으로 아름다웠다. 군집을 이룬 지붕들이 촘촘히 모여 그림처럼 펼쳐져 있던 그 장면을 보면서 **'졸망졸망하다'**라는 말이 떠올랐다. '졸망졸망하다'는 고르지 않은 여러 개의 작은 물건이 뒤섞여 사랑스럽다는 뜻이다. 물론 집의 실제 크기는 작지 않지만, 언덕에서 내려다보는 집들은 어쨌거나 장난감처럼 작아 보였으니 졸망졸망하다는 표현이 꽤 잘 어울린다.

    작아서 귀여움이 느껴지는 단어가 또 하나 있다. 흔히 알고 있는 **'앙증맞다'**, **'앙증하다'**이다. 작으면서 갖출 것은 다 갖고 있어 깜찍하고 귀엽다는 뜻이다.

    그렇다면 '크기가 작다'라는 의미만 가진 순우리말에는 무엇이 있을까? 먼저 크기가 작다는 뜻의 **'잘다'**가 있다. 비슷한 말로 **'잔다랗다'**도 기억해 두자. 몸에 비해 키가 작을 때는 **'작달막하다'**를 쓴다. 키가 작은데 모습이 얌전하고 어린 티가 날 때는 **'아리잠직하다'**를 쓴다.

    '작다'에 '가늘다'는 뜻이 더해진 것으로는 **'자잘하다'**, **'자디잘다'**가 있다. 길이, 넓이, 부피 따위가 꽤 작다는 뜻의 **'작다랗다'**, 보통보다 매우 작다는 뜻의 **'작디작다'**도 있다. 이들 순우리말은 우리가 익숙하게 알고 있는 것들이다.

이번에는 '작다'의 뜻이 부정적으로 쓰인 순우리말을 알아보자. '작다'에 내포된 부정적인 의미로는 보잘것없거나 하찮다는 뜻일 것이다. 먼저 모양이 어울리지 않을 정도로 작을 때 쓰는 말로 **'앙당하다'**가 있다. 세워 놓은 울타리가 턱없이 작고 낮아 누구든 울타리를 넘어 다닐 수 있을 때 '저렇게 앙당한 울타리는 세워둘 필요가 별로 없다'라고 쓸 수 있다.

크기가 보잘것없이 작아서 어쩐지 옹졸한 느낌을 줄 때 쓰는 말도 있다. **'좀스럽다'**이다. 좀스럽게 행동하는 사람들과 오래 관계를 맺기는 어려울 듯하다. '좀스럽다'와 맥을 함께하는 말에는 **'오불조불하다'**도 있다. 생각이나 하는 짓이 통이 작다는 뜻이다. **'잔질다'**도 마찬가지다. 잔진 사람은 하는 행동이 좀스럽다.

추가로 **'옴니암니'**도 알아 두면 좋겠다. '옴니암니'는 자질구레한 일에 대해 좀스럽게 따지고 드는 모양을 이르는 말이다. '중요하지 않은 일을 매번 그렇게 옴니암니 따지고 드니 쩨쩨하다고 말할 수밖에'와 같이 쓸 수 있겠다.

한편 시시해서 대수롭지 않다는 뜻의 **'자차분하다'**도 기억해 두자. '자차분하다'는 '잘다'와 '차분하다'가 결합한 말이다. 자잘하니 중요하지 않게 생각될 테고 시시하게 여겨질 것이다. '자차분하다'에는 잘고 아담하게 차분하다는 뜻도 있다. '자차분한 들꽃이 여기저기 피어 있었다'와 같이 쓴다.

'작다'에서 출발해서 '보잘것없다'의 의미까지 이어졌으니 보잘것없음을 나타내는 순우리말까지 살펴보자. 변변치 못해 보잘것없다는 뜻의 **'데데하다'**는 기억해 둘 법하다. 사람, 사물에 두루 사용할 수 있다. 사람이 너무 만만하고 보잘것없을 때는 쓰는 말에는 **'놀놀하다'**도 있다. '나를 얼마나 놀놀하게 봤으면 이런 대접을 하냐?'라고 쓰면 된다.

죽음을 앞둔 한 학자가 수술을 마치고 고무 튜브가 상반신에 연결된 채 창밖을 바라보다가 창밖의 햇빛 한 줄기를 보고 깊은 감사를 느꼈다는 글을 읽은 적이 있다. 햇빛 한 줄기, 얼마나 시시한 것인가. 어제도 있었고, 오늘도 있었고, 내일도 있을 그저 그런 것. 아무 노력 없이도 늘 내게 와 줘서 만만했던 그것. 그러나 그 시시하고 하찮은 빛 한 줄기는 감사이자, 삶의 기쁨이자 우리가 살아가는 의미다. 알아채고 발견하여 느끼고 감사하는 것의 의미. 오복소복 모여 빛을 낸 오늘의 '작고 소중한' 것들은 무엇이었을까? 느끼지 못했다면 알아채는 법을 배워야 한다.

우리말 뜻풀이

오보록하다 형 자그마한 것들이 한데 많이 모여 다보록하다.
다보록하다 형 풀이나 작은 나무 따위가 탐스럽게 소복하다.
오복소복하다 형 자그마한 것들이 한데 많이 모여 다보록하고 소복하다.
오복소복 부 자그마한 것들이 한데 많이 모여 다보록하고 소복한 모양.
오불오불하다 형 자그마한 것들이 한데 모여 있는 상태이다.
오불오불 부 자그마한 것들이 한데 모여 있는 모양.
오막조막하다 형 자그마한 덩어리들이 고르지 아니하게 많이 벌여 있는 상태이다.
오막조막 부 자그마한 덩어리들이 고르지 아니하게 많이 벌여 있는 모양.
올망졸망 부 작고 또렷한 것들이 고르지 않게 많이 벌여 있는 모양.
올몽졸몽 부 귀엽게 생긴 작은 덩어리들이 고르지 않고 빽빽하게 벌여 있는 모양.

올몽졸몽하다 형 귀엽게 생긴 작은 덩어리들이 고르지 않고 빽빽하게 벌여 있는 상태이다.

졸망졸망하다 형 고르지 아니한 여러 개의 작은 물건이 뒤섞여 있어 사랑스럽다.

앙증맞다 형 작으면서도 갖출 것은 다 갖추어 아주 깜찍하다.

앙증하다 형 제격에 어울리지 아니하게 작다. / 작으면서도 갖출 것은 다 갖추어 깜찍하고 귀엽다.

잘다 형 크기가 작다.

잗다랗다 형 꽤 잘다.

작달막하다 형 키가 몸피에 비하여 꽤 작다.

아리잠직하다 형 키가 작고 모습이 얌전하며 어린 티가 있다.

자잘하다 형 여럿이 다 가늘거나 작다.

자디잘다 형 아주 가늘고 작다.

작다랗다 형 길이, 넓이, 부피 따위가 꽤 작다.

작디작다 형 사물의 크기나 범위, 정도 따위가 보통보다 매우 작다.

앙당하다 형 모양이 어울리지 아니하게 작다.

좀스럽다 형 사물의 규모가 보잘것없이 작다.

오불조불하다 형 생각이나 하는 짓이 통이 크지 못하고 잘다.

잔질다 형 마음이 약하고 하는 짓이 잘다.

옴니암니 부 자질구레한 일에 대해 좀스럽게 따지고 드는 모양. 비 암니옴니.

자차분하다 형 모두가 잘고 시시하여 대수롭지 아니하다. / 잘고 아담하고 차분하다.

데데하다 형 변변하지 못하여 보잘것없다.

놀놀하다 형 만만하여 보잘것없다.

19 ● 우리 동네 백반집

허저분하다
허름하고 지저분하다

우리 동네에는 오래된 백반집이 있었다. 백반집 주인 할아버지는 식당 앞에 내어 둔 플라스틱 의자에 노상* 앉아 있었다. 등받이도 없는 조악한* 빨간색 플라스틱 의자였다.

  할아버지는 종일 앉아 있다가 손님이 식당 문턱을 완전히 들어서고 나서야 느짓하게* 일어섰다. 주문받은 음식을 할머니가 준비하고, 밥을 푸고, 반찬을 접시에 덜고, 바글바글 끓는 찌개를 주방 선반에 내놓으면 할아버지는 그것들을 쟁반으로 옮겨 손님들에게 가져다주었다. 할 일이 끝났다 싶으면 할아버지는 어김없이 식당 밖으로 나가선 불편해 보이는 의자에 다시 몸을 얹었다. 그러고 보면 할아버지는 주문받고 음식을 나르는 때를 제외하곤 늘 같은 자리, 빨간 플라스틱 의자에 앉아 계셨던 것 같다.

- **노상** 언제나 변함없이 한 모양으로 줄곧.
- **조악하다** 거칠고 나쁘다.
- **느짓하다** 움직임이 느리다.

백반집의 하루는 희붐한* 새벽빛이 곳곳으로 스미기 전부터 시작됐다. 새벽부터 할머니는 이리저리 분주하게 주방을 오갔고, 할아버지는 새벽 시장에서 사 온 대파나 양파를 다듬었다. 그때도 물론 식당 밖 빨간 의자에 앉아서, 식당 안에서 흘러나오는 창백하고도 연약한 주광색* 형광등 불빛에 의지한 채였다.

백반집은 새벽부터 바지런히 손님을 맞이할 준비를 했지만 저녁께나 되어서야 손님들로 붐볐다. 손님들은 대부분 동네 사람들이었다. 긴 하루를 어렵사리 마치고 반주 한 잔을 기울이고 싶어 온 사람들과 한쪽 어깨엔 아이의 유치원 가방을, 반대편엔 아이 손을 잡고 들어선 젊은 부부, 그리고 혼밥을 하러 온 사람들로 식당은 금세 가득 찼다. 백반집을 찾은 손님들은 할아버지의 별다른 안내가 없이도 알아서 빈자리를 찾아 앉았고, 익숙한 듯 냉장고 물을 꺼내 마셨다.

백반집의 메뉴는 열댓 가지가 넘었지만, 뭘 시켜도 반찬은 매일 다른 종류로 예닐곱 가지가 나왔다. 반찬은 마른 호박 무침, 고구마 줄기 볶음, 취나물, 고사리나물, 연근조림, 잘 익은 열무김치와 같이 모두 다듬고 만드는 데 손이 많이 가는 것들이었다. 또 반찬 중 한 가지는 꼭 든든하게 배를 채울 수 있는 것이었다. 노란 달걀물을 묻혀 바싹 구워 낸 둥근 분홍 소시지가 나오기도 하고, 두툼하게 썰어 노릇하게 구운 두부가 나오기도 했으며, 무와 함께 간장에 부드럽게 조린 생선이나 양념이 고루 밴 꼬막무침이 나오기도

- **희붐하다** 날이 새려고 빛이 희미하게 돌아 약간 밝은 듯하다.
- **주광색(晝光色)** 조명에서 햇빛에 가까운 색.

했다. 메인 반찬이 매우면 그 외의 반찬은 심심한 것들로 채워지는 등 백반집 식탁 위엔 강하고 심심한 맛의 균형이 언제나 맞춰져 있었다.

백반집에는 반찬 외에도 세심한 부분이 하나 더 있었는데, 그건 어린이 손님을 향한 주인 할아버지의 배려였다. 주로 강퍅해* 보이는 할아버지의 굵게 팬 미간 주름이 너그럽게 펴지는 순간은 어린이 손님이 찾아왔을 때가 유일했다. 아이들을 바라보는 할아버지 얼굴에 흔연하게* 번지는 미소는 성나 보이는 주름을 일순 지워 냈다.

할아버지는 아이들이 반찬을 매워하진 않는지, 맛있어하는지 곁눈으로 확인하고선 아이가 밥알을 깨작이고* 있으면 조미김을 가져다주기도 했고, 그마저도 시원치 않으면 잔멸치 조림을, 계란 프라이를 부쳐 오셨다. 그리곤 벙글벙글 웃으며 말했다.

"우리 어린이들이 맛있게 먹어야지, 그게 제일이야."

그러나 백반집 내부는 오랜 세월만큼 **허저분했다.** 테이블 구석구석에는 데데한* 물건들이 늘어져 있었고, 읽다 만 신문도 아무렇게나 접힌 채로 테이블과 의자에 놓여 있었다. 그럼에도 동네 사람들은 백반집을 자주 찾았다. 음식만큼은 정갈하고 세심했으며, 아이들을 향한 할아버지의 투박한 다정함을 엿보는 것만으로도 어쩐지 마음이 둥글어졌기 때문이다.

- **강퍅하다** 성격이 까다롭고 고집이 세다.
- **흔연(欣然)하다** 기쁘거나 반가워 기분이 좋다.
- **깨작이다** 좀 달갑지 않은 음식을 억지로 굼뜨게 먹다.
- **데데하다** 변변하지 못하여 보잘것없다.

그러던 늦가을 어느 날을 마지막으로 백반집 문은 아무런 예고도 없이 굳게 닫혔다. 누구는 새벽녘에 구급차가 식당 앞에 있던 걸 봤다고 했고, 누구는 할아버지가 한밤중에 이사 갔다 했다. 소문만 무성할 뿐 백반집 할아버지와 할머니는 흔적도 없이 사라졌다.

백반집이 문을 닫은 뒤로 사계절이 지났다. 가게 앞을 지날 때면 나는 습관처럼 할아버지가 앉아 있던 자리를 바라본다. 음식에도 성격이 있다면, 정성스레 다듬고 썰어 뭉근하고˚ 자작하게˚ 익혀 낸 백반집 음식들을 나는 따뜻하고 다정했다 부를 것이다. 그리고 백반집 할아버지와 할머니께 조용한 안부 인사를 건넨다.

어디에 계시든 따듯하고 평안하셨으면 좋겠어요.
할아버지와 할머니가 제게 만들어 준 다정한 기억들처럼요.

- **뭉근하다** 세지 않은 불기운이 끊이지 않고 꾸준하다.
- **자작하다** 액체가 잦아들어 줄다.

백반집이 문을 닫은 뒤로 사계절이 지났다.
가게 앞을 지날 때면 나는
습관처럼 할아버지가 앉아 있던 자리를 바라본다.

음식에도 성격이 있다면,
정성스레 다듬고 썰어 뭉근하고 자작하게 익혀 낸
백반집 음식들을 나는
따뜻하고 다정했다 부를 것이다.

어수선함과 깨끗함을 부르는 순우리말

우리 동네 백반집, 그러니까 내가 아끼던 장소로부터 출발해 어수선함과 관련한 순우리말을 설명하기에는 어쩐지 불편한 마음이 든다. 어수선함이 갖는 부정적인 면 때문일 것이다. 그러나 한 치의 흐트러짐도 없이 정돈된 장소에서 오히려 사늘한 불편함을 느끼게 될 때가 있었단 걸 떠올리며 작은 안도의 마음으로 어수선함과 관련한 순우리말을 찾아가 본다.

어수선하다는 것은 물건들이 이리저리 흩어지고 늘어져 있는 상태를 말한다. 종이가 이리저리 늘어져 있어 어수선할 때 쓰는 재미있는 순우리말이 있는데 **'에넘느레하다'**이다. '책상 위는 쓰다가 만 종이들로 에넘느레했다'라고 쓰면 되겠다. 물건이 여기저기 흩어져 어수선한 상황에 쓰기에 적절한 단어다.

반대로 사람이 한곳에 어지럽게 몰려 있어 어수선한 상황을 표현하는 말도 있다. **'워그르르하다'**이다. '시장에 사람들이 갑자기 몰려 워그르르했다'라고 쓰면 된다.

어수선함을 부르는 또 다른 흥미로운 단어가 있다. 한 곳에 너무나 다양한 색과 무늬가 촘촘하게 들어가 있어 어수선할 때 쓰는 말이다. **'알라꿍달라꿍하다'**와 **'얼러꿍덜러꿍하다'**이다. 밝은 빛깔이 촘촘하게 무늬를 이룰 때는 '알라꿍달라꿍하다'로, 어두운 빛깔의 점이 어수선하게 그려져 있을 때는 '얼러꿍덜러꿍하다'로 표현한다.

　이번에는 어수선함에서 한 발 더 나아가 지저분함을 표현하는 순우리말을 살펴보자. 물건이 여기저기 어수선하게 늘어져 있어 지저분해 보일 때 쓸 수 있는 순우리말에는 먼저 **'찌꺼분하다'**와 **'어질더분하다'**가 있다. 어떤가? 의미를 모르는 상태로 이 단어들을 만났다 해도 우리는 이 단어들에서 어쩐지 지저분하고 어지럽혀진 인상을 받았을 것이다.
　물건이나 장소에 세월의 더께가 쌓이면 쉬이 지저분해 보일 때가 많다. 허름하고 지저분할 때 자주 쓰는 순우리말로 **'너절하다'**, **'허저분하다'**가 있다. 이들 단어보다는 낯설고 사용 빈도가 떨어지긴 하나 같은 뜻으로 **'너주레하다'**, **'께저분하다'**도 기억해 둘 만하다.
　또 오래도록 입은 옷이 해져서 지저분해 보일 때 우리는 **'너절너절하다'**라고도 쓰고, 보잘것없고 변변치 못해 더럽고 지저분해 보이는 것에는 **'지질구질하다'**를 쓴다. 더럽고 지저분함을 뜻하는 또 다른 단어로 **'구저분하다'**도 있다.

　그렇다면 지저분함과 반대에 있는 단어 '깨끗하다'를 표현하는 순우리말에는 어떤 것이 있을까? '깨끗하다'를 생각해 보면 흐트러짐 없이 잘 정돈된 상태가 떠오른다. 잘 정돈된 상태를 이르는 말 **'간동하다'**를 알아 두자. '간동하다'는 정리가 잘된 상태이므로 단출하다는 뜻도 갖는다.

　　매우 정갈하다는 뜻의 **'정가롭다'**도 있다. '정가롭다'는 주로 옷이나 음식 따위가 정갈할 때 쓴다. '그 식당은 십 년째 변함없이 음식이 정가로워서 좋다'라고 쓰면 되겠다.

　　사람의 모습이 깨끗하고 깔끔할 때는 **'깔밋하다'**라는 순우리말을 쓴다. '젊은 시절 깔밋하던 모습을 점차 잃어 가시는 할머니의 모습을 볼 때면 마음이 아프다'라고 쓸 수 있다. 깨끗하고 깔끔하다는 뜻의 또 다른 순우리말로는 **'깨끔하다'**를 들 수 있다. 깨끗함은 어쩐지 하얀색을 떠올리게 하는데, 하얗고 깨끗하다는 뜻의 **'해끔하다'**, **'해끔해끔하다'**도 기억해 두면 좋겠다.

우리말 뜻풀이

에넘느레하다 〔형〕 종이나 헝겊 따위가 여기저기 함부로 늘어져 있어 어수선하다.

워그르르하다 〔형〕 사람, 짐승, 벌레 따위가 한곳에 매우 어지럽게 많이 몰려 있는 상태이다.

알라꿍달라꿍하다 〔형〕 여러 가지 밝은 빛깔의 점이나 줄 따위가 고르지 아니하고 촘촘하게 무늬를 이루어 몹시 어수선하다.

얼러꿍덜러꿍하다 〔형〕 여러 가지 어두운 빛깔의 점이나 줄 따위가 고르지 아니하고 촘촘하게 무늬를 이루어 몹시 어수선하다.

찌꺼분하다 〔형〕 어수선하고 지저분하다.

어질더분하다 〔형〕 어질러 놓아 지저분하다.

너절하다 〔형〕 허름하고 지저분하다.

허저분하다 〔형〕 허름하고 지저분하다.

너주레하다 〔형〕 조금 허름하고 지저분하다.

께저분하다 〔형〕 너절하고 지저분하다. '게저분하다'보다 센 느낌을 준다.

너절너절하다 형 천이나 옷 따위가 늘어지거나 해져서 몹시 어지럽고 지저분하다.
지질구질하다 형 보잘것없고 변변하지 못하여 더럽고 지저분하다.
구저분하다 형 더럽고 지저분하다.
간동하다 형 흐트러짐이 없이 잘 정돈되어 단출하다.
정가롭다 형 매우 정갈하다.
깔밋하다 형 모양이나 차림새 따위가 아담하고 깔끔하다.
깨끔하다 형 깨끗하고 아담하다.
해끔하다 형 조금 하얗고 깨끗하다.
해끔해끔하다 형 군데군데 조금 하얗고 깨끗하다.

20 ● 너는 아주 똘똘한 그런 아이였단다

옹송그리다
춥거나 두려워 몸을 궁상맞게 몹시 옹그리다

우리 집에는 나에 관해 전설처럼 회자되던˚ 어느 날의 이야기가 있다. 그것은 어릴 적 내가 얼마나 똘똘한 아이였는지에 관한 이야기다. 이야기의 전달자는 아버지이기도, 어머니이기도 했으며, 언니였을 때도 있었다. 전달자가 종종 바뀌었기 때문에 이야기는 부풀어 오르기도 하고, 쪼그라들기도 하며 크고 작은 변형을 거듭했다. 오랜 시간 전달자들의 각색이 두서없이 쌓인 탓에 주인공임에도 불구하고 나는 내게 각인된 그 이야기가 사실로부터 얼마나 떨어져 나온 것인지 잘 모른다. 어쨌거나 전달자들의 이야기를 모아 정리해 보자면 이렇다.

때는 봄인지 가을인지 아무튼 춥지도 덥지도 않았던 볕이 좋은 날이었단다. 엄마는 유치원에 간 막내딸이 집으로 돌아오길 기다

● 회자(膾炙)되다 칭찬을 받으며 사람의 입에 자주 오르내리게 되다. 회와 구운 고기라는 뜻에서 나온 말이다.

리고 있었다. 그날은 선생님이 직접 집까지 데려다주시기로 한 날이었다. 도착할 시간이 한참 지나도 아이가 오지 않아 걱정하던 엄마는 유치원으로 전화를 걸었다. 유치원 선생님과 통화하던 엄마는 일순 아연해졌다* 했다. 엄마의 막내딸은 암팡지게도* 어느 골목에 들어서자마자, 여기서부터는 자기가 잘 아는 길이니 혼자 갈 수 있다고, 집에 다 왔다고 말하며 냅다 달려갔다는 것이다.

엄마는 새하얗게 질려서는 온 골목을 정신없이 헤집고 다녔다. 단걸음에 달려온 아빠도 근방을 샅샅이 찾아 헤맸지만, 막내딸의 모습은 어디에도 보이지 않았다고.

"노란색 ○○유치원 원복을 입은 6살 난 여자아이를 찾습니다."

동사무소 미아 찾기 안내 방송은 허공에 닿자마자 무성의하게 풀어져 사라졌다 했다. 들은 사람이 있기나 할까 싶게.

그 시각, 나 역시 망연해져 있었더랬다. 조금만 더 가면 우리 집이 나올 거야. 파란색 대문이 곧 나올 거야. 주문처럼 되뇌던 나의 간절함은 회벽의 막다른 길 앞에서 무용해졌다.* 혼자 집을 찾아갈 수 있다는 섣부른 자부심은 두려움으로 돌연 낯을 바꾸었고, 점점 더 진하고 뚜렷해진 두려움은 삽시간에 작은 몸을 채워 버렸다. 금세 차오른 겁난 마음이 눈망울에 방울지기 시작했다.

나는 막다른 길을 등지고 걷고 또 걸었다. 그렇게 좁은 골목을 돌아 나오는데, 갑자기 눈앞에서 노란빛이 부서져 내렸다. 어둑한

- **아연(啞然)하다** 너무 놀라거나 어이가 없어서 또는 기가 막혀서 입을 딱 벌리고 말을 못 하는 상태이다.
- **암팡지다** 몸은 작아도 힘차고 다부지다.
- **무용(無用)하다** 쓸모가 없다.

골목이 한낮의 햇빛을 몰래 모아 두었다가 골목 끝에 한번에 쏟아 버린 듯한 찬란한 빛이.

다른 일들은 희미해졌지만, 어쩐지 그만 울어도 되겠다는 생각이 들었던 그때 그 마음은 선명하게 기억한다. 이제 안전해질 것 같다는 막연한 희망 같은 것이 생겼던 마음. 곧이어 내 눈에 띈 어느 문방구로 나는 무작정 들어갔다.

속이 새카맣게 타들어 갔던 엄마 아빠는 그때 전화 한 통을 받았다. 막내딸을 데리고 있다는 전화였다. 엄마 아빠는 그 길로 곧장 달려갔다. 가게 문을 벌컥 열고 들어가 보니 막내딸은 상점에 딸린 작은 방에서 가게 아들딸들과 태연히 놀고 있었다고. 주인아주머니의 말씀에 따르면 조그마한 애가 들어와서 울지도 않고 안차게* 말하기를, 길을 잃었는데, 집에 전화를 걸어 달라고 했단다. 그리곤 가방을 열고 유치원 수첩을 꺼내 거기에 적힌 전화번호를 가리키면서 그리로 전화를 걸면 된다고 말했다 한다.

그 후로 부모님은 그날의 다행을 두고두고 곱씹으셨다.

"넌 정말 똑똑했다. 아주 야무졌지."

똑똑한 그 어린이는 스무 살이 되던 해 상경했다. 전에 쓰던 사투리에서 반 옥타브는 더 올려 말해야 하는 낯선 언어를 쓰는 곳. 모두가 서늘한 격식의 금을 긋고 있는 것 같던 곳, 서울이었다.

대학 첫해, 나는 마음의 길을 잃었다. 모두에게 따뜻했던 그해

• **안차다** 겁이 없고 야무지다.

봄은 유독 내게만은 소슬했고˚ 그 후로 나는 한겨울 칼바람을 피하듯 몸과 마음을 **옹송그린** 채 여러 계절을 보내야 했다.

아직도 나는 마음의 길을 종종 잃고 돌아갈 곳을 찾아 헤맨다. 그러나 안쓰러운 조바심은 내지 않는다. 소용없을지언정 간절한 바람을 속삭이다가 눈물을 사이에 두고 어른어른해진 천장을 보고 앉았기도 하지만, 그 시간들이 무용하지만은 않다는 것, 그 시간을 지난 어느 날이 오면 환하고 노란빛이 마음속 어디선가 고요히 새어 나오리란 걸 안다. 괜찮아질 거라고 속삭였던, 여섯 살 난 어린아이가 골목 끝에 서서 본 그 노란빛과 닮은 빛이 여전히 내 마음에 있다.

• **소슬(蕭瑟)하다** 으스스하고 쓸쓸하다.

대학 첫해, 나는 마음의 길을 잃었다.
모두에게 따뜻했던 그해 봄은
유독 내게만은 소슬했고
그 후로 나는 한겨울 칼바람을 피하듯
몸과 마음을 옹송그린 채
여러 계절을 보내야 했다.

그러나 안쓰러운 조바심은 내지 않는다.
그 시간들이 무용하지만은 않다는 것,
그 시간을 지난 어느 날이 오면
환하고 노란빛이
마음속 어디선가 고요히
새어 나오리란 걸 안다.

움직임을 부르는 순우리말

몸을 한껏 움츠리게 될 때는 언제일까? 몹시 추워 온몸의 온기를 조금이라도 더 그러모아야 할 때, 혹은 두려워서 두 팔로 몸을 감싸 안으면 마음이 좀 놓일 것 같다고 느낄 때가 아닐까. 이처럼 춥거나 겁이 나서 몸을 잔뜩 움츠리는 동작을 취할 때 쓸 수 있는 단어가 있다. **'옹송그리다'**와 **'응등그리다'**이다. 물론 몸을 움츠리는 것은 춥거나 두려울 때만 그런 건 아니다. 주눅 들었다거나, 긴장했다거나, 무슨 잘못을 저질렀다거나, 계속된 실패로 좌절감을 느끼는 상황에도 몸을 움츠린다.

몸을 움츠리는 상황에 포괄적으로 사용할 수 있는 단어로는 **'옹그리다'**, 이보다 더 거센 느낌을 주는 **'옹크리다'**를 들 수 있다. '옹그리다'보다 더 심하게 움츠릴 때 **'뒤움치다'**라는 순우리말을 쓰기도 한다. 갑작스럽게 난 소리에 깜짝 놀라 움츠러들 때는 어떨까? 천둥소리와 같이 갑자기 난 큰 소리에 놀라 움츠러드는 상황에서는 **'움씰하다'**를 쓴다.

또 예상하지 못한 상황과 맞닥뜨리게 된 사람은 어떨까? 뜻밖의 사실에 깜짝 놀랐을 때는 하던 일을 멈추고 뒷걸음질 치게 된다. 이렇게 갑작스레 놀란 상황에서 행동을 멈출 때는 **'무르춤하다'**를 쓰면 된다. 건물이 무너지는 듯한 굉음이 들리는 상황이라면 아마 모두가 무르춤할 것이다.

이번에는 몹시 굼뜬 움직임을 살펴보자. 움직임이 느릿느릿할 때 쓰는 순우리말이 있다. **'느짓하다'**와 **'느직느직하다'**이다. 동작이 둔하고 느린 사람에게 **'머줍다'**라는 단어를 쓰기도 한다. '머줍다'는 어떤 일에 아직 익숙지 않아 일을 능숙하고 빠르게 해내지 못하는 사람에게 어울린다. 초보나 신입사원들이 일을 시원스레 해내지 못할 때 쓰면 된다.

'어정어정' 놀면서 느릿느릿 일할 때 쓰는 부사도 있다. **'노량으로'**이다. 이때 '노량'은 '놀다'의 관형형 '놀'과 의존명사 '양'이 결합한 형태일 것이라 추정된다. 한마디로 노량은 '놀 모양'이라는 뜻을 품고 있고, 따라서 '노량으로'는 '놀면서 느릿느릿'이라는 뜻을 갖는다. 어떤 일에 재미를 붙이지 못해 행동이 느려지는 경우에는 **'물쩍지근하다'**를 쓸 수 있다.

한편 여유로워서 급하지 않게, 천천히 움직일 때는 **'천천하다'**라고 한다. 느긋하고 서서히 움직이는 동작이나 태도에 쓰면 적합하겠다. 말이나 행동이 퍽 느리다는 뜻의 **'느럭느럭하다'**도 있고, 비슷한 말로 **'나릿나릿하다'**도 있다. '나릿나릿하다'에는 어쩐지 여유롭고 부드러운 느낌이 깃들어 있는 것 같다. 행동이 느린 이유가 꼼꼼해서일 때도 있는데, 꼼꼼하게 하느라 행동이 느릿느릿할 때는 **'초군초군하다'**를 쓴다.

어떤 일을 할 때 힘들이지 않고 느릿느릿 행동하거나 말하는 사람이 있다. 이런 사람의 행동을 보고는 **'시적거리다'**라고 한다. '그는 아무리 힘들고 급한 일이 있어도 시적시적해. 정말 느긋한 사람이야'라고 쓰면 된다.

행동이 느리고 굼뜬데 자꾸 이리저리 움직일 때는 어쩐지 거추장스럽다는 인상을 지우기가 어렵다. 굼뜨고 거추장스럽게 자꾸 움직일 때는 '**둥싯거리다**'라는 순우리말을 쓸 수 있다. 같은 말로 '**둥싯대다**', '**둥싯둥싯하다**'가 있다.

굼뜬 움직임을 살펴봤으니 이번엔 반대로 날쌘 행동들을 살펴보자. 동작이 매우 날쌜 때는 '**걸싸다**'라는 순우리말을 쓰면 된다. 보통 날쌘 행동을 하는 사람들은 눈치가 빠르거나 똘똘한 경우가 많다. 눈치가 매우 재빠르고 행동이 날쌘 사람을 이르는 말에는 '**열쌔다**'가 있다. '그는 열쌔서 사회생활도 잘해 낼 거야'라고 쓴다. 흔히들 알고 있는 말 '**빠릿빠릿하다**'도 행동이 '**날랜**' 사람에게 쓸 수 있다.

그렇다면 조용하고 부드러운 움직임에는 어떤 순우리말이 있을까? 조용조용하고 가벼우며 부드러운 동작, 곁에 있으면 어쩐지 편안한 사람의 조용한 움직임을 표현하는 말 '**자늑자늑하다**'를 기억해 두자. 단어 자체에서 나긋하고 아늑함이 느껴진다.

이번에는 무엇을 이루기 위해 애쓰는 움직임을 살펴보자. 몹시 하기 힘든 일을 해내야 할 때 평소보다 더 많은 애를 쓰게 된다. 힘에 부쳐 안간힘을 다 써 가며 애쓸 때 쓸 수 있는 순우리말이 있다. 일을 감당하지 못해 쩔쩔맨다는 뜻의 '**둥개다**', 몹시 힘에 부쳐 괴로워하며 애쓸 때 쓸 수 있는 순우리말 '**허덕허덕하다**', '**허덕지덕하다**'가 있다.

남을 귀찮게 하는 행동도 있다. 어떤 것이 있을까? 뭔가를 해 달라고 심하게 조를 때 '**들이조르다**'를 쓴다. '들이조르다'에서는 뭔가 해 달라고 조르고 떼쓰는 아이의 모습이 보인다. 또 자꾸 대들며 귀찮게 조르는 행동을 흉내 낸 말 **'더럭더럭'**도 있다. '자기 말이 맞는다고 더럭더럭 우겨대는 통에 정신이 하나도 없다'처럼 쓸 수 있겠다.

남이 싫다는데 짓궂은 말이나 행동으로 남을 귀찮게 한다는 뜻의 **'지분거리다'**, **'자분거리다'**도 있다. 부사로는 **'지분지분'**, **'자분자분'**이라고 쓴다. 하지 말라고 해도 옆에서 자꾸 귀찮게 구는 좀스러운 사람의 모습이 연상된다. 이런 사람이 내 주위를 계속 얼쩡대고 있으면 '그만 좀 자분거려!'라고 소리 지르고 싶어질 것이다.

행동을 표현하는 순우리말 목록을 만들어 되뇌어 보니 이 모든 행동들을 단숨에 실제 다 해 본 듯 숨이 가빠진다. 잠시 멈춰 서서 자늑자늑하고 천천한 시간을 보내야겠다.

우리말 뜻풀이

옹송그리다 〖동〗 춥거나 두려워 몸을 궁상맞게 몹시 웅그리다.
응등그리다 〖동〗 춥거나 겁이 나서 몸을 움츠리다.
옹그리다 〖동〗 몸 따위를 옴츠러들이다. '옹그리다'보다 거센 느낌을 준다.
옹크리다 〖동〗 몸 따위를 옴츠러들이다.
뒤움치다 〖동〗 몹시 움츠리다.
움씰하다 〖동〗 깜짝 놀라서 몸이 뒤로 움츠러들다. 또는 몸을 뒤로 움츠리다.
무르춤하다 〖동〗 뜻밖의 사실에 놀라 뒤로 물러서려는 듯이 하여 행동을 갑자기 멈추다.
느짓하다 〖형〗 움직임이 느리다.
느직느직하다 〖형〗 동작이 아주 굼뜨다.

머줍다 형 동작이 둔하고 느리다.
어정어정 부 키가 큰 사람이나 짐승이 이리저리 천천히 걷는 모양.
노량으로 부 어정어정 놀면서 느릿느릿.
물쩍지근하다 형 일을 하는 태도가 지루할 정도로 느리다.
천천하다 형 동작이나 태도가 급하지 아니하고 느리다.
느럭느럭하다 형 말이나 행동이 퍽 느리다.
나릿나릿하다 형 동작이 재지 못하고 좀 느리다.
초군초군하다 형 행동이 꼼꼼하고 느릿느릿하다.
시적거리다/시적대다/시적시적하다 형 힘들이지 아니하고 느릿느릿 행동하거나 말하다.
둥싯거리다/둥싯대다/둥싯둥싯하다 동 굼뜨고 거추장스럽게 자꾸 움직이다.
걸싸다 형 일이나 동작 따위가 매우 날쌔다.
열쌔다 형 행동이나 눈치가 매우 재빠르고 날쌔다.
빠릿빠릿하다 형 똘똘하고 행동이 날래다.
날래다 형 사람이나 동물의 움직임이 나는 듯이 빠르다.
자늑자늑하다 형 동작이 조용하며 가볍고 부드럽다.
둥개다 동 일을 감당하지 못하고 쩔쩔매다.
허덕허덕하다 동 힘에 부쳐 계속 쩔쩔매거나 괴로워하며 애쓰다.
허덕지덕하다 동 정신을 못 차릴 정도로 힘에 부쳐 쩔쩔매거나 괴로워하며 애쓰다.
들이조르다 동 몹시 조르다.
더럭더럭 부 자꾸 대들어 매우 귀찮게 조르는 모양.
지분거리다/자분거리다 동 짓궂은 말이나 행동 따위로 자꾸 남을 귀찮게 하다.
지분지분/자분자분 부 좀스럽게 짓궂은 말이나 행동 따위로 자꾸 남을 귀찮게 하는 모양.

21 ● 진실 혹은 거짓, 우린 서로를 어디까지 알 수 있을까

으밀아밀
남모르게 비밀스럽게 이야기하는 꼴

베른하르트 슐링크의 소설 단편집 《여름 거짓말》에 실린 〈바덴바덴에서 보낸 밤〉에는 이런 문구가 나온다.

"그는 아무에게도 가짜 그림을 보여 주지 않았다. 그는 그림 대신 스케치만 보여 주었다. 스케치는 가짜가 아니었다. 스케치는 스케치이기 때문이다."

이런 문구가 나오게 된 배경에는 이 소설의 주인공이 오랜 연인을 두고 업무상 만난 조교와 몰래 연애한 사건이 깔려 있다. 이 비밀스러운 관계는 얼마 가지 않아 탄로 나고 마는데, 그는 꽤 당당하다. 출장을 간다는 사실도, 출장 중 조교를 만나 함께 일한 것도, 그녀와 저녁을 먹은 사실도 연인에게 빠짐없이 밝혔기 때문이다. 그가 연인에게 전한 그의 동선이자 사건의 스케치는 조교에게 품은 연애 감정을 빼고 말했다는 것만 제외하고는 어쨌거나 진실이었으니까.

연인에게 사사건건 보고하지 않았다는 것에 양심 찔리는 것도 그는 이제 지긋지긋하다 말한다. 연인과 통화가 끝나고 난 뒤 또 다른 애인에게서 걸려 올 전화를 기다리는 기쁨까지 오랜 연인에게 조잘조잘 말할 필요는 없지 않은가. 작은 일에도 쉽게 버럭 하는 연인에게 숨겨야 할 것을 숨긴 건 그의 잘못이 아니었다. 그러므로 그는 죄책감을 굳이 남겨 두지 않았다.

주인공의 당당함은 그가 유독 뻔뻔한 인물이었기 때문이었을까. 갈등을 막을 수 있다면 작은 거짓말 정도는 해도 된다고, 사건의 테두리만 적당히 보존해도 진실과 양심을 크게 빗겨 가지 않은 거라 믿어 버리는 건 주인공만의 자기 위안은 아닌 듯하다. 인정하기 마뜩잖긴* 하지만, 우리에게도 그와 별반 다르지 않은 순간들이 있었기 때문이다.

삶 속에서 벌어지는 사건의 스케치가 한 폭의 그림으로 완성되기까지 사건 과정을 구성하는 디테일은 숱하게 지워졌다 생성되며 수많은 변형 스토리를 만들어 낸다. 우리들의 머릿속에 거주하는 천재적인 이야기꾼 덕분이다. 주로 자극적이고도 비관적인 스토리 전개를 좋아하는 그는 일어난 사건을 그대로 내버려 두는 법이 없다. 사건 속을 듬성듬성 파내고 그 사이사이에 기억의 박편*

- **마뜩잖다** 마음에 들 만하지 아니하다.
- **박편(剝片)** 벗겨져 떨어진 조각.

들을 끼워 넣어 전에 없던 의미와 인식을 곧잘 제작해 낸다. 어느 날은 희망찬 역사를 써 내려가다가도 어느 순간엔 비극으로 고꾸라지는 이야기를 지어내길 반복하는데, 이로써 진실은 상처 입고 합리화에 기반한 새로운 스토리는 가없이* 피어오른다.

나는 오늘도 어김없이 내 머릿속 이야기꾼이 해석해 낸 세상의 이야기를 온 마음을 담아 진실인 양 너에게 떠들어댈 것이다. 이야기를 들은 당신 역시 당신의 이야기꾼이 만들어 낸 편집물에 기대어 나를 이해할 테고.

우리들의 이야기는 어디서부터가 진실이며 거짓일까? 나는 너의 어디까지를 알고 있을까? 내적 화자가 쉴 새 없이 우리들의 삶에 관해 **으밀아밀** 만들어 낸 진실과 거짓의 아슬아슬한 줄다리기를 우리는 어디까지 알아챌 수 있을까? 지독한 서사적 존재로서 살아가야 하는 우리는 종국에 이르러도 서로를 온전히 알기 어려울 것이다.

내가 너를 좋아하고 동경하고 사랑하고 닮아 가고 싶어 하는 건 너의 이야기와 나의 이야기가 어느 좋은 시절에 만나 조화를 이룬 기막힌 인연 덕분이었단 생각이 문득 든다. 우리는 비록 서로의 진실 어느 깊이까지 걸어 들어갔는지 영원히 알 수 없을 테지만, 평행선을 달리듯 우리 사이에는 어떤 거리감이 언제나 자리하고 있겠지만, 그래도 괜찮다. 나는 언제까지고 오늘 너의 마음이 어땠는

• **가없다** 끝이 없다.

지, 너는 오늘 어떤 생각들로 그런 이야기를 하게 됐을지 궁금해할 것이다.

그러니까 나는, 너와의 드팀새*를 조금씩 메워 나가려는 노력을 게을리하고 싶지 않다. 오늘의 너를 기꺼이 더 알아가고 싶다.

• **드팀새** 틈이 생긴 기미나 정도.

그러니까 나는,
너와의 드팀새를
조금씩 메워 나가려는 노력을
게을리하고 싶지 않다.
오늘의 너를 기꺼이 더 알아가고 싶다.

말을 부르는 순우리말

《세상은 이야기로 만들어졌다》에서는 호모나랜스(이야기꾼 인간)로서의 인간은 생존과 진화를 위해 언제부턴가 이야기하기 시작했고, 문명의 발전을 이루었다고 말한다. 인간의 말하기는 애초 사실에 기반한 정보 전달에서 시작됐는데, 혹한기와 같은 생존의 위협을 받는 상황이 닥치자 플랜B, 플랜C 등의 대비책을 미리 세우는 쪽으로 발전하게 된다. 이로써 인간의 이야기는 점차 '있는 일 이야기하기'에서 '있었던 일'로, 곧이어 '있을 수 있는 일 이야기하기'로 바뀌어 갔다. 생존을 위해 인류는 어느 시점부터 꾸며 낸 이야기를 해야 했던 것이다. 그리고 이야기는 곧 서로를 위로하거나 세상을 설명하고 자신에 대해 말하는 방식으로 바뀌어 갔다.

호모나랜스로서의 우리는 진실과 거짓의 경계를 넘나들며 수많은 이야기를 주고받으며 살아가고 있다. 우리는 얼마나 다양한 순우리말로 '말'과 '이야기'를 표현할 수 있을까?

오래전부터 인간은 어떤 목적을 달성하기 위해 특정 주제를 대화로 끌고 와 이야기를 나누어 왔다. 다른 사람의 일을 입에 올려 말하는 것, 인간 고유의 말하기, 그것을 '**초들다**'라고 한다. '굳이 몇 년 전 일을 초드는 바람에 둘 사이가 어색해졌다'와 같이 쓰면 된다. '초들다'에는 하지 않았으면 좋겠는 말, 말로 긁어 부스럼을 만든다는 느낌이 들어 있다.

또 쓸데없는 말을 주저리주저리 늘어놓고선 수다스럽게 꾸며 내고 부풀려 말하는 사람을 두고 '**말재기**'라고 부른다. 이와 더불어 입을 가볍게 자꾸 함부로 놀린다는 뜻의 동사에는 '**너불너불하다**', '**나불나불하다**', '**야불야불하다**'가 있다. 쉬지 않고 너불너불하거나 야불야불하는 사람 옆에 몇 시간만 함께 있어도 기진맥진해질 것이다.

이번에는 빈정거림이나 원망, 불평이 담긴 말들을 찾아가 보자. 먼저 '**뒤대다**'가 있다. 뒤대다는 빈정거리는 태도로 말하는 것을 뜻한다. '기분 상하는 일이 있는지 뒤대는 말투로 말했다'라고 쓴다.

못마땅한 상황을 불평할 때 또박또박 말할 수도 있겠지만 대체로 구시렁거리게 될 때가 많다. 남이 알아들을 수 없는 군소리로 원망하듯 중얼거리는 것을 '**중중거리다**', 못마땅해 입속으로 불평스럽게 말하는 것을 '**씨우적대다**', 옹졸하게 혼잣말처럼 불만을 중얼거리는 것을 '**꽁알거리다**'라고 한다.

쉽게 화를 내며 함부로 말하는 것을 '**불뚱대다**'라고 한다. '불뚱대다'를 보고 있으면 화가 나서 붉으락푸르락, 씰룩거리며 아무 말이나 내뱉는 모습이 연상된다.

진정성이 없거나 비밀스러운 말을 하는 상황에서 쓸 수 있는 순우리말에는 뭐가 있을까? 먼저 속마음을 숨기고 겉으로만 꾸며서 말할 때 쓰는 말

'**겉말하다**'가 있다. 흔히 아는 말 '빈말하다'와 같은 뜻이다. '그렇게 생각하지도 않으면서 잘한다고 겉말하지 마'와 같이 쓸 수 있겠다. 명사로는 '**겉말**'이라고 한다.

누가 들을까 봐 비밀스럽게 말할 때는 뭐라고 할 수 있을까? 소리를 내지 말라는 뜻으로 '쉿'이라고 종종 하는데, 비슷한 느낌의 순우리말 '**쉬쉬대다**'가 바로 이런 뜻으로 쓰인다. 비밀스럽게 이야기하는 또 다른 순우리말 '**으밀아밀하다**'도 있다. 부사로 '**으밀아밀**'이라고 한다. '으밀아밀'은 은밀하게 비밀을 이야기하는 모습과 꼭 빼닮은 단어다. 상대가 알아챌 수 있게 넌지시 말로 던지는 암시를 이르는 말로 '**말비침**'이 있다.

한편 체면을 찾거나 조심할 필요가 없는 친한 사이에서 주고받는 말은 어떤 말일까? 너니 나니 하고 부르면서 서로 허물없이 말을 건네는 것을 '**너나들이**'라고 하고, 편하게 말을 주고받는 것을 '**너나들이하다**'라고 한다. '너나들이'는 서로 형식적인 예의를 갖추지 않으며 편하게 지내는 사이를 뜻하기도 한다.

없는 사실을 말하거나 전달해 관계를 악화시키는 말도 있다. 어떤 사실에 없던 일까지 덧붙여서 말할 때 '**덧거리하다**'라고 한다. '덧거리'는 명사로 사실에 보태어 없는 일을 덧붙여서 말한다는 뜻인데, '덧'이 더한다는 의미의 접두사라는 것을 떠올려 보면 '덧거리'의 의미를 기억하기 좋을 것이다.

아예 거짓으로 꾸며서 말할 때는 '**떠대다**'를 쓴다. '그는 시종일관 떠대는 말만 하니까 한 마디도 믿을 수가 없다'라고 하면 된다. 그러면 이간질하는 말은 뭐라고 하면 좋을까? 사람들을 오가며 안 좋은 말을 전달하며 이간질할 때 '**말전주하다**'라고 한다. 또 남의 흉을 보는 사람들의 입놀림은 '**입길**'이라고 한다. '정치인들이 부도덕한 일에 휘말리면 사람들의 입길에 오르게 마련이다'라고 쓴다.

다음으로 ○○말, ○○소리 등으로 표현되는 순우리말을 소개해 보겠다. 먼저 단어의 뜻을 쉽게 유추할 수 있는 것들부터 살펴보자. 먼저 '**단골말**'이다. 어떤 뜻일 것 같은가? 자주 가는 식당을 단골 식당이라 부르는 것처럼 '단골말'은 늘 정해 놓고 자주 하는 말을 이른다.

'**먼말**' 또는 '**먼뎃말**'도 유추해 보자. '먼'은 '멀다'라는 뜻이므로 '먼뎃말'은 하고 싶은 말을 빙빙 멀리 돌려서 하는 말이다. '**지날말**'은 어떤가? 덧없이 지나가는 말, 그러니까 별다른 의미 없이 하는 말을 이른다. '지날말처럼 물어보았다'라고 쓴다.

이번엔 '**바쁜소리**'의 뜻을 유추해 보자. '바쁜소리'는 매우 급하거나 딱한 사정에 이르러서 하게 되는 말을 뜻한다. 다급한 상황에서 허둥지둥 말하는 상황을 그려 보면 이해가 된다.

'**웃음엣말**' 또는 '**웃음엣소리**'는 어떤 뜻일까? 여기서 나온 단어 중 가장 쉽게 알아맞힐 수 있을 것이다. 말 그대로 웃기려고 하는 말, 그러니까 우스갯소리를 이른다.

'**뭇소리**'도 있다. 먼저 '뭇'은 수효가 많다는 뜻의 관형사다. 그러니 뭇소리는 '많다'는 것과 관계가 있는 단어일 것이다. 여러 사람이 이러쿵저러쿵 하는 말을 '뭇소리'라고 한다.

이제 소개할 네 개의 단어가 남았다. 산소리, 선소리, 신소리, 흰소리를 알아보자. 먼저 '**산소리**'는 아무리 힘든 상황에도 자존심을 지켜 남에게 굽히지 않으려고 하는 말을 이르고, '**선소리**'는 이치에 맞지 않은 서툰 말을 이른다. 여기서 '선'은 제대로 익지 않았다는 '설다'에서 나온 말로 충분하지 못하다는 뜻이다. 충분하지 못한 말이니 이치에 맞지 않는 말일 테다. '**신소리**'는 엉뚱한 말로 재치 있게 넘어가는 말을, '**흰소리**'는 허풍을 말한다. 접두사 '흰'은 터무니없다는 뜻을 지니므로 흰소리는 말도 안 되는 소리, 허풍을 뜻하는 말이다.

말과 관련된 순우리말은 이렇게나 다채롭고 다양하다. 말과 관련된 단어가 이리도 풍성한 걸 보면 인간은 역시 호모나랜스로서의 존재임이 분명하다.

우리말 뜻풀이

초들다 동 어떤 사실을 입에 올려서 말하다.
말재기 명 쓸데없는 말을 수다스럽게 꾸며 내는 사람. 말쟁이.
너불너불하다 동 입을 자꾸 함부로 놀리다.
나불나불하다 동 입을 가볍게 자꾸 함부로 놀리다.
야불야불하다 동 자주 입을 놀려 잇따라 말하다.
뒤대다 동 바로 말하지 아니하고 빈정거리는 태도로 비뚜로 말하다.
중중거리다 동 몹시 원망하듯 남이 알아들을 수 없는 군소리로 자꾸 중얼거리다.
씨우적대다 동 마음에 못마땅하여 입속으로 자꾸 불평스럽게 말하다.
꽁알거리다 동 남이 잘 알아듣지 못하게 혼잣말로 불만스럽게 자꾸 좀스럽게 말하다.
불뚱대다 동 걸핏하면 얼굴이 불룩해지면서 성을 내며 함부로 말하다.

겉말하다 통 마음으로는 그렇지 않으면서 겉으로만 꾸며 말하다.
겉말 명 마음은 그렇지 않으면서 겉으로만 꾸미는 말.
쉬쉬대다 통 드러내지 아니하고 뒤에서 자꾸 은밀하게 말하다.
으밀아밀하다 통 비밀히 이야기하다.
으밀아밀 부 남모르게 비밀스럽게 이야기하는 모양.
말비침 명 상대방이 눈치챌 수 있을 정도로 넌지시 말로써 깨우쳐 주는 일.
너나들이 명 너니 나니 하고 부르며 서로 허물없이 말을 건넴. 또는 그런 사이.
너나들이하다 통 너니 나니 하고 부르며 서로 허물없이 말을 건네다.
덧거리하다 통 없는 사실을 어떤 사실에 덧붙여서 말하다.
떠대다 통 어떤 사실의 물음에 대해 거짓으로 꾸며 대답하다.
말전주하다 통 이 사람에게는 저 사람 말을, 저 사람에게는 이 사람 말을 좋지 않게 전하여 이간질하다.
입길 명 이러쿵저러쿵 남의 흉을 보는 입의 놀림.
단골말 명 늘 정해 놓고 하는 말.
먼말/먼뎃말 명 멀리 돌려서 하는 말.
지날말 명 별다른 의미 없이 하는 말.
바쁜소리 명 몹시 급한 형편이나 딱한 사정에 처해서 하는 말.
웃음엣말/웃음엣소리 명 웃기느라고 하는 말.
뭇소리 명 여러 사람이 이러느니저러느니 하는 말.
산소리 명 어려운 가운데서도 속은 살아서 남에게 굽히지 않으려고 하는 말.
선소리 명 이치에 맞지 않은 서툰 말.
신소리 명 엉뚱한 말로 재치 있게 넘기는 말.
흰소리 명 터무니없이 자랑으로 떠벌리거나 거드럭거리며 허풍을 떠는 말.

22 ● 7년의 기다림, 매미의 꿈

잔드근히
침착하고 참을성 있게

여름은 내게 조금 이상한 계절이다. 물놀이도 싫어하고, 햇빛도 못 견디고, 차가운 음식도 잘 못 먹어 여름의 어느 한구석에도 마음을 내어 주지 못하면서, 여름의 감각이 몸 곳곳에 차오르면 맥없이 누워 있기만 하면서, 이상하리만치 각별하게 느껴지는 계절. 그건 아마도 다시는 돌아오지 않을 여름의 기억들이 남기고 간 청량함 때문일 거라 막연히 짐작한다.

벌겋게 달아오른 얼굴에 막무가내로 흘러내리는 땀이 뙤약볕을 되받아치며 보석처럼 반짝이던 어느 오후의 술래잡기. 아이스크림이 굵은 눈물방울처럼 뚝뚝 떨어져 끈적해졌던 작은 손. 시원한 보리차에 밥을 말아 깻잎 김치를 올려 먹던 여름 밥상. 선풍기 바람이 까슬한 인견 홑이불 밖으로 빼꼼 나온 다리를 언제쯤 스쳐 갈까 기다리다 까무룩 잠든 여름밤. 한입 베어 물면 온 세상이 둥글어지던 복숭아의 나긋나긋한 달콤함 같은 기억들.

이 천진한 여름의 기억은 매미 울음소리가 들려오기 시작할 무렵부터 서서히 복원된다. 매미의 울음소리와 함께 재생되는 여름날은 그 어떤 계절 기억보다 맑고 명랑한 것들이다. '여름은 싫어하지만 매미 울음소리는 좋아해요' 같은 이상한 소리나 하고 다니는 것도 이런 이유에서다.

그런데 나는 매미를 정말 좋아하는가. 귓가를 매질하듯 울리는 울음소리 탓에 사방에서 미움을 받는 매미를 나는 정말 좋아하는가. 매미를 좋아하는 사람이 있기나 한가.

매미의 생애를 조금만 들여다보면 그 절박한 울음소리는 이해를 넘어 금세 애처로움으로 이어진다. 7년이라는 긴 세월을 땅속에서 유충으로 **잔드근히** 지내던 매미는 세상 밖으로 나와 2, 3주간 구애에 몰두하다 생을 마감한다. 7년의 기다림 끝에 주어진 삶의 시간은 단 스무날. 어딘가 멀리 날아갈 생각은 언감생심 못한다. 새카만 밤, 천적을 피해 힘겹게 나무 위로 기어 올라가 짝을 찾으려 간절히 울다 끝나는 생. 7년의 밤이 물거품으로 사라지지 않게 쥐어 보려는 듯 매미는 매 순간을 분투한다. 상당수의 매미가 짝짓기에 실패하는 것으로 알려져 있지만, 그 사실을 알 턱 없는 매미는 한눈 한번 팔지 않는 맹목을 운명으로 안고 달려간다.

어느 한여름 밤, 맹렬한 매미 울음소리를 듣다 이런 생각을 한 적이 있다. 모든 매미의 꿈이 이렇게나 같을 수 있을까 하고. 깊은 땅속, 7년의 밤을 보내다 세상 밖으로 나와 주어진 좌표에 도달하기 위해 곧장 나무 위로 올라가 울어야만 하는 삶. 한번 들어선 이상 벗어날 수 없는 생의 궤도에 대해서.

이윽고 생각은 K와 이야기를 나누던 밤으로 이어졌다. 우리는, 우리가 멈춰 설 수 있을까요? 어쩔 수 없단 생각이 들어요. 난 길로 무작정 걸어가는 수밖에는 달리 무슨 방도가 있을까요? 나만 그런 게 아니라는 게 위로라면 위로가 되겠죠. K와 나눈 이야기가 스치던 밤.

그러던 어느 날 베란다 방충망에 매미 한 마리가 매달려 있는 걸 발견했다. 모두가 같은 꿈을 꾸던 나무를 떠나 새로운 곳에 도착한 것이다. 너도 나처럼 맹목으로 달려오다 문득 고개를 들어보니 주위는 온통 낯선 세상이었던 거니? 네 뜻대로 살아 보고 싶어 여기까지 온 거구나.

높은 비행 끝에 방충망에 붙은 매미는 짝짓기에 실패할 확률이 누구보다 높을 것이다. 생의 궤도를 빠져나온 또 다른 매미를 만나지 않는 이상. 태생지를 멀리 떠나 온 매미는 울지 않았다. 소리 높여 울 필요가 없었을 것이다.

뜬금없이 나는 매미의 꿈과 용기를 응원하고 싶어졌다. 새로운

• **표표히** 팔랑팔랑 나부끼거나 날아오르는 모양이 가볍게.

서식지를 찾고 싶었던 것이었든, 표표히* 날아 드넓은 세상을 구경하고 싶은 것이었든, 그것이 무엇이든 멀리 떠나온 매미의 시간을 응원하고 싶었다.

날아라, 매미야, 날아올라.

이 먼 곳으로, 눈부신 설렘과 희망을 깃털처럼 가볍게 안고 밝은 빛으로 향하고 싶었던 매미의 일생을 나는 마음속으로 깊이 응원했다.

뜬금없이 나는
매미의 꿈과 용기를 응원하고 싶어졌다.
새로운 서식지를 찾고 싶었던 것이었든,
표표히 날아
드넓은 세상을 구경하고 싶은 것이었든,
그것이 무엇이든
멀리 떠나온 매미의 시간을
응원하고 싶었다.

애씀과 애쓰지 않음을 부르는 순우리말

매미가 보내는 7년의 시간 속에서 떠오르는 것은 기다림을 위한 차분한 인내다. 침착하고 차분하게 무언가를 위해 참아 가는 과정은 성숙함과도 맞닿아 있다. 조용한 기다림을 연상시키는 순우리말에는 어떤 단어들이 있을까?

기다림이 길어지면 조바심이 고개를 들게 마련이다. 이때 무엇보다 필요한 것은 조용한 참을성이다. 침착하고 조용한 참을성을 표현한 말 **'잔드근히'**를 기억해 두자. '잔드근히'는 태도와 행동을 침착하고 참을성 있게 할 때 쓸 수 있는 부사다. 형용사로는 **'잔드근하다'**가 있다. 흔히 알고 있는 말이나 성질, 행동이 **'검질기게'** 끈기가 있다는 뜻의 **'진득하다'**가 '잔드근하다'와 비슷한 말로 쓰인다. 매우 침착하고 참을성이 많다는 뜻의 **'진드근하다'**도 알아 두면 좋겠다.

인내하고 참아 가는 과정에서 필요한 것이 하나 더 있다면 흔들리지 않는 한결같은 마음일 것이다. 한결같이 곧은 마음으로 꾸준하고 성실하게 나아가는 자세를 뜻하는 말이 있다. **'지멸있다'**이다. 이런 태도를 나타내는 부사 **'지며리'**도 알아 두자. '그는 학창 시절에 공부를 지며리 했다'와 같이 쓸 수 있겠다. 그 외 끈기를 가지고 꾸준히 하는 일을 해 나갈 때 쓸 수 있는 단어 **'끈덕지다'**, **'바지런하다'**가 있다.

오랜 시간을 침착하게 참아 내고 성충이 된 매미는 기쁨의 마음을 가다듬고 주어진 생의 과제에 최선을 다한다. 가끔 매미의 울음소리를 듣다 보면 저 작은 몸에서 어떻게 하면 저렇게 큰 소리가 나는지 궁금해질 때가 있다. 온몸을 온전히 떨어야 낼 수 있는 소리, 갖은 애를 써서 몇 날 며칠을 쉼 없이 울어야 하는 매미의 애씀. 어떤 일에 애를 쓴다는 것은 육체적 또는 정신적인 노고가 깃들어 있다.

먼저 몸으로 힘들이고 애쓴다는 뜻의 **'몸수고하다'**가 있다. 무엇에 열중한다는 뜻의 **'고부라지다'**도 있다. '고부라지다'는 '고부라진 허리'와 같이 휘어졌다는 뜻으로 주로 쓰이지만, '그는 게임에 고부라져 옆에서 무슨 일이 일어나는지 몰랐다'처럼 어떤 일에 몹시 열중할 때도 쓴다.

이러저러하게 애를 쓰거나 노력을 들인다는 뜻의 **'암만하다'**도 있다. 주로 '암만해도'의 꼴로 쓰이는데, '암만해도 해결책을 찾아내기가 어렵다'와 같이 쓴다.

한편 어떤 일을 억지로 하려고 애쓸 때는 뭐라고 말할 수 있을까? **'굴침스럽다'**라고 말한다. 잘되지 않는 일을 어떻게든 억지로 해 보려고 할 때 쓰는 말이다. **'이악하다'**도 더불어 알아 두면 좋겠다. 어떻게든 일을 끝내 보려고 기를 쓰고 달라붙는 기세가 굳셀 때 쓴다. 이익을 위해 지나치게 아득바득거릴 때도 쓴다.

애씀에 관한 순우리말은 비교적 다양한 편이다. 우리의 삶에는 언제나 '애씀'이 자리잡고 있어서가 아닐까. 어떤 일을 이루려고 몹시 애를 써 본 날들은 우리 모두에게 있었을 것이다. 고집을 부리며 애를 쓰는 **'아득바득하다'**와 연상되는 동사 **'터울터울하다'**, **'터울거리다'**가 있다. '아무리 터울거려 봤자 안 될 일은 안 되더라'와 같이 쓸 수 있겠다.

'애면글면하다'도 떠올릴 수 있다. '애면글면하다'는 몹시 힘에 부치는 일을 이루려고 갖은 애를 쓴다는 뜻이다. 개인적인 느낌이지만 '애면글면'이라는 단어를 보면 우리 모두의 하루, 삶이 떠오른다. 살아가는 일은 힘에 부치니까, 힘에 겨우니까.

그런데 '애면글면'보다 훨씬 더 강하게 애를 쓰는 듯한 단어가 있다. 죽을 각오로, 죽기 살기로 어떤 일에 힘쓸 때 쓰는 단어 **'죽살이치다'**이다. 목숨을 내건 듯한 애씀이 가끔 안타까워 보일 때도 있다.

도대체 무엇을 위해 이렇게 애쓰며 살아가는 것일까? 이런 안타까운 마음이 들 때 **'애발스럽다'**를 쓴다. '무엇을 위해 그렇게 애발스럽게 살아왔을까를 그는 스스로 물어보곤 했다'와 같은 문장에서 쓸 수 있겠다.

가끔 힘을 들이지 않고도 저절로 이루어질 때가 있다. 모든 것을 내려놓는 순간 아무리 터울거려도 안 됐던 일이 너무 쉽게 이루어지는 것을 **'승겁들다'**라고 말한다. 반대로 애썼지만 헛일이 되어 버린 것을 뜻하는 말도 있다. **'헛물켜다'**이다. '헛수고'를 떠올리면 쉽게 기억할 수 있겠다. '해도 안 될 일인데 헛물켜고 있는 걸 보니 안타깝기 그지없다'라고 쓰면 된다.

이번에는 무형의 목표를 향한 애씀이 아니라 특정 장소에 도달하기 위해 애를 쓸 때 쓰는 말을 알아보자. **'허위단심'**과 **'허위넘다'**라는 순우리말이 있다. '허위단심'은 허우적거리면서 애를 쓴다는 뜻의 명사로 '그분의 부고 소식을 듣고 허위단심으로 달려갔다'라고 쓸 수 있다. 흔히 '허위단심으로'의 꼴로 쓰인다. '허위넘다'는 높은 곳을 애를 써서 갈 때 쓴다. '산을 허위넘었다'와 같이 쓰면 되겠다.

어떤 일을 할 때 성의 없이 하거나 대강대강 하는 모습을 표현한 순우리말도 함께 알아보자. 잔드근함과 반대되는 태도를 이르는 말이 있다. 행동이 가볍고 참을성이 없다는 뜻의 **'자발없다'**이다. '자발없는 귀신은 무랍도 못 얻어먹는다'라는 속담을 떠올려 보면 '자발없다'의 뜻을 쉽게 기억할 수 있을 것이다.

참을성이 없는 사람은 함께 일하던 중에 금세 싫증을 내고 시들한 태도를 보이곤 한다. 처음에는 좀 열심히 하나 싶더니 얼마 안 가 시큰둥한 얼굴로 성의 없이 일하는 사람의 태도를 **'뒤내다'**라는 단어를 써 표현할 수 있다. '뒤내다'와 유사한 **'시뜻하다'**도 자주 보이는 단어다. 마음에 내키지 않아서든, 어떤 일이 지루해져서든 시들해진 태도를 말한다.

중도에 그만두는 모양을 흉내 낸 말도 있다. **'반둥건둥'**이다. '하던 공부를 반둥건둥 그만둬 버리더니 요즘은 집에서 빈둥거리며 지낸다'라고 쓴다. 동사로는 **'반둥건둥하다'**라고 한다.

일에 성의가 없다는 말은 대충 한다는 의미로도 해석할 수 있다. 대강대강 아무렇게나 하는 일을 **'날림일'**이라고 하고, 대강 하는 모양은 **'거춤거춤'**을 써서 표현할 수 있다. '손님이 갑자기 오셔서 거실을 거춤거춤 치웠다'라고 쓰면 되겠다.

또 대강 한다는 것은 시간을 들여 꼼꼼하게 하지 않는다는 뜻이기도 하다. 일을 빠른 속도로 대강대강 하는 모양은 **'건듯건듯'**을 쓰면 된다. 대충대충 해치운다는 뜻의 또 다른 순우리말이 있다. 이 단어는 요 몇 년간 꽤 유행했는데 바로 **'휘뚜루'**이다. '휘뚜루'는 닥치는 대로 대충 대충이라는 뜻을, **'휘뚜루마뚜루'**는 이것저것 가리지 않고 닥치는 대로 마구 해치우는 모양을 흉내 낸 말로, 아무렇게나 편하게 입고 다닐 수 있는 옷을 표현하는 말로도 흔히 쓰인다. '다음번에 휴가를 내면 휘뚜루마뚜루 돌아다니려고'와 같은 문장에서 써 볼 수 있겠다.

깜냥깜냥 온몸으로 울음을 풀어내던 매미의 목소리는 가을의 초입이 되면 점차 힘을 잃고 데식어 간다. 간간이 끊어지며 작아지는 매미의 울음소리로 여름이 끝나 감을 직감한다. 그리고 시작되는 가을. 모든 애씀은 이렇게 끝이 나고 새로운 시작을 맞는다.

우리말 뜻풀이

잔드근히 〔부〕 태도와 행동이 침착하고 참을성이 있게.
잔드근하다 〔형〕 태도와 행동이 침착하고 참을성이 있다.
검질기다 〔형〕 성질이나 행동이 몹시 끈덕지고 질기다.
진득하다 〔형〕 성질이나 행동이 검질기게 끈기가 있다.
진드근하다 〔형〕 태도와 행동이 매우 침착하고 참을성이 많다.
지멸있다 〔형〕 한결같이 곧은 마음으로 참을성이 있다.
지며리 〔부〕 차분하고 꾸준히.
끈덕지다 〔형〕 끈기가 있고 꾸준하다.
바지런하다 〔형〕 놀지 아니하고 하는 일에 꾸준하다.

몸수고하다 〖동〗 몸으로 힘들이고 애쓰다.
고부라지다 〖동〗 무엇에 열중하다.
암만하다 〖동〗 이러저러하게 애를 쓰거나 노력을 들이다.
굴침스럽다 〖형〗 어떤 일을 억지로 하려고 애쓰는 듯하다.
이악하다 〖형〗 달라붙는 기세가 굳세고 끈덕지다. / 이익을 위하여 지나치게 아득바득하는 태도가 있다.
아득바득하다 〖동〗 몹시 고집을 부리거나 애를 쓰다.
터울터울하다/터울거리다 〖동〗 어떤 일을 이루려고 몹시 애를 쓰다.
애면글면하다 〖동〗 몹시 힘에 겨운 일을 이루려고 갖은 애를 쓰다.
죽살이치다 〖동〗 어떤 일에 죽을힘을 다해 애쓰다.
애발스럽다 〖형〗 보기에 매우 안타깝게 애를 쓰는 데가 있다.
승겁들다 〖동〗 힘을 들이지 않고도 저절로 이루다.
헛물켜다 〖동〗 애쓴 보람 없이 헛일로 되다.
허위단심 〖명〗 허우적거리며 무척 애를 씀.
허위넘다 〖동〗 높은 곳을 허우적거리며 애를 써서 넘어가다.
자발없다 〖형〗 행동이 가볍고 참을성이 없다.
뒤내다 〖동〗 함께 일을 하다가 중도에 싫증을 내거나 성의 없는 태도를 보이다.
시뜻하다 〖형〗 마음이 내키지 않아 시들하다. / 어떤 일에 물리거나 지루해져서 조금 싫증이 난 기색이 있다.
반둥건둥 〖부〗 일을 다 끝내지 못하고 중도에서 성의 없이 그만두는 모양.
반둥건둥하다 〖동〗 일을 다 끝내지 못하고 중도에서 성의 없이 그만두다.
날림일 〖명〗 정성을 들이지 않고 대강대강 아무렇게나 하는 일.
거춤거춤 〖부〗 일을 대강대강 하는 모양.
건듯건듯 〖부〗 일 따위를 빠르게 대강대강 하는 모양.
휘뚜루 〖부〗 닥치는 대로 대충대충.
휘뚜루마뚜루 〖부〗 이것저것 가리지 아니하고 닥치는 대로 마구 해치우는 모양.

23 ● 우향우 좌향좌가
그렇게 중요한 것이었을까

허정허정
다리에 힘이 없어 잘 걷지 못하고 자꾸 비틀거리는 모양

몇 해 전에 그룹 필라테스 수업에 다닌 적이 있다. 운동을 시작한 지 얼마 되지 않은 어느 날, 내 동작을 유심히 지켜보던 선생님이 말했다.

"전에 운동을 좀 하셨나 봐요."

그날 이후로 나는 엉겁결에 그 반 운동 우등생이 되었고, 선생님은 종종 나를 '잘하는 사람의 표본'으로 삼았다. "이 회원님 동작 하는 거 한번 보세요"라고 하면서. 시범을 보일 때마다 지금의 내가 과거의 나로부터 예상되는 자가 아니라는 점에서, 내가 생각해 온 내 몸과 지금 움직여지고 있는 몸 사이의 간극이 엄청나다는 점에서 극심한 부조화를 느껴야 했다. 그도 그럴 것이 나는 운동과는 오랜 시간 원수지간으로 지내 온 사람이었기 때문이다.

몸으로 하는 건 뭐든 서툴렀다. 나는 돌부리가 없어도, 허공에라도 걸려 넘어지는 아이였다. 달리기를 못하는 건 당연한 일이었다. 달리기 시합이 있던 어느 날, 모두가 결승선을 통과하고도 저 멀리서 헐레벌떡 뛰어오고 있는 나를 보고 체육 선생님은 어떤 손짓을 하곤 어딘가로 가 버리셨더랬다. 그 손짓이, 시간을 잴 필요도 없는 속도니 그만 뛰라는 뜻이란 걸 결승선에 도착해서야 뒤늦게 깨닫고는, 끝까지 달린 내 무구한* 성의를 부끄러워해야 했던 마음을 기억한다.

어디 그뿐이랴. 내가 초등학생이던 시절엔 체육 시간에 아이들을 4열 횡대로 세워 놓고 한 사람의 다리도 엉기지 않을 때까지 좌향좌 우향우를 반복시켰다. 물론 나는 못했다. 왼발이 지면에서 떨어져 직각 모양을 만듦과 동시에 오른팔이 앞으로 쭉 뻗어 나가야 하는데, 어떻게 된 일인지 내 두 팔과 다리는 **허정허정** 제 갈 길을 찾지 못했다. 팔다리의 주인이 다르지 않고서야 이럴 수는 없다고 생각했다.

우향우 좌향좌 활동은 진행 방식도 꽤 가혹했는데, 선생님의 구령에 따라 박자를 못 맞춘 아이들은 그것을 정확히 해낼 때까지 계속해야 했다. 마치 체에 불순물을 걸러 내듯 계속되는 우향우 좌향좌에 나는 마지막까지 체에 홀로 남은 돌멩이가 되곤 했다. 모두가 바라보는 앞에 서서 고장 난 태엽 인형처럼 왼쪽, 오른쪽으로 돌고 또 돌았다.

• **무구(無垢)하다** 때가 묻지 않고 맑고 깨끗하다.

또 하나 기억에 또렷하게 남는 일은 고등학교 3학년 때의 일이다. 당시 우리 학교는 고3 체육 시간 내내 테니스만 배웠는데(성인이 되기 전 운동 종목 하나를 충분히 익혀 주기 위한 취지였던 걸로 기억한다), 역시나 나는 이렇게 하면 안 된다는 사례로 언제나 지목받았다. 예상대로 나의 시범은 지루한 체육 시간에 큰 웃음을 선사했고, 나는 벌겋게 달아오른 수치심과 직면해야 했다.

시간이 흘러 마침내 마지막 체육 시간이 되었다. 선생님은 끝끝내 내게 호의적이지 않으셨다. 분통을 터뜨리며 하신 말씀(1년 내내 축 처진 수업에 나를 꽤 유용하게 이용하신 걸로 기억하는데 도리어 왜 화를 내신 건지 나는 아직도 잘 모르겠다)은 이랬다.

"너는 그냥 평생 테니스는 안 치고 산다고 생각해라."

'암요, 암요. 그렇게 말씀 안 하셔도 앞으로 테니스는 쳐다도 안 보고 살 거거든요!' 1년 내내 품어 온 속엣말*이 내 가슴을 쾅쾅 울려댔다. 순수한 해방감의 기쁨이 온몸으로 퍼져 나갔던 순간, 왼발과 오른발에 점 4분음표의 강약 리듬을 담아 체육관을 경쾌하게 빠져나갔다.

이제 살았다! 지긋지긋했던 내 인생 모든 체육 시간이여, 안녕!

모든 경험은 득이 된다고 했던가. 내 학창 시절, 참을 수 없었던 우향우 좌향좌, 테니스 수업 시간은 그로부터 30년을 지나온 내게 이런 소박한 교훈을 남겼다.

● 속엣말 마음속에 품고 있는 말.

그거 좀 안 되면 어떻다고! 지금 안 돼도 어느 날 갑자기 잘 되는 때가 불쑥 오거든? 아, 그리고 뭐! 또 영원히 안 되면 어떤데! 그게 뭐라고! 아니면 말면 되지!

걸음과 관계된 순우리말이
유독 많은 이유가 궁금해졌다.
아마도 걸음은
지금 우리 마음의 온도와
깊숙이 이어져 있어서가 아닐까.

오늘 당신의 걸음은 어땠는가.
당신의 마음과 걸음은
얼마나 닮아 있었는가.

걸음을 부르는 순우리말

그러고 보니 어른이 된 후에는 체육관을 빠져나올 때의 그 발걸음, 점 4분음표를 단 듯 천진하고 설렘 가득한 발걸음으로 걸어 본 적이 별로 없는 것 같다. 나는 그동안 어떤 걸음을 걸어왔을까? 걸음과 관련한 단어에는 어떤 것들이 있을까?

걸음을 표현하는 순우리말은 다양하고 재미난 것이 무척 많다. 그중 힘없이 걷거나 비틀거리는 걸음을 표현하는 순우리말이 유독 많다. 일단 힘없이 걷게 될 때는 몸이 아플 때일 것이다. 한동안 앓은 다음 기운이 없어 비틀거리며 걸을 때 **'허영허영하다'**라는 순우리말을 떠올려 볼 수 있다. 부사 **'허영허영'**은 비틀거리며 걷는 모양을 보여 준다.

우리는 나쁜 소식을 듣거나 울적한 일이 생겼을 때도 걸음에 힘이 빠진다. 충격적인 소식을 들어 다리에 힘이 빠져 쓰러질 듯이 걷는 장면은 드라마나 영화에서 종종 보게 된다. 이렇게 걷는 걸음을 우리는 **'허전거리다'**, **'저춤거리다'**라고 표현한다. 다만 '저춤거리다'는 다리에 힘이 없어 다소 절며 걷는 걸음이다.

심하게 어지러울 때 혹은 술에 취한 다음에는 비틀거리며 걸을 수밖에 없는데, 이때의 걸음을 표현해 주는 단어로는 '**비틀걸음치다**', '**비트적대다**'가 있다. 둘 다 몸을 제대로 가누지 못하게 비틀거리는 걸음을 표현한다. 다리에 힘이 없으면 중심을 잃고 헛디디게 된다. 이럴 때의 걸음을 '**허든거리다**', '**허든허든하다**'라고 말한다.

지친 하루 끝의 걸음은 어떠한가. 만원 지하철 속에서 시달리다 하차 문 앞에 선 무수한 사람들을 헤치고 내려 **타달타달** 걸어가는 퇴근길은 고되기만 하다. 걸을 때 맥이 없고 내딛는 발걸음이 무거울 때는 '**파근파근하다**'라고 한다.

몹시 지쳐 힘없이 발을 떼어 놓으며 걷는 걸음은 '**터덕대다, 타닥대다**'라고 말한다. 힘없는 걸음이 빠를 리는 없다. 주로 느릿느릿 걷게 되는데, 힘없이 천천히 걷는 걸음을 '**터벌거리다**', '**저적대다**', '**자작대다**'라고 한다. '저적대다', '자작대다'는 걸음마를 막 시작한 어린아이가 넘어질 듯 말 듯 아슬아슬하게 발을 내디디며 걷는 모습을 뜻하기도 한다.

힘이 없을 때만 천천히 걷는 것은 아니다. 힘없는 것과 관계없이 느릿느릿 걷거나 움직이는 것을 '**느실느실하다**'라고 말한다. 또 키가 큰 사람이 천천히 걸을 때 '**어정대다**'라고 표현하기도 한다. 팔다리를 부자연스럽고 크게 움직이며 천천히 걸을 때를 이르는 말도 있는데, 이때 '**어기적대다**'를 쓴다.

아름다운 산책로를 걷는다면 우리는 어떤 걸음을 내디딜까? 발길이 닿는 대로 한 걸음 한 걸음 꼭꼭 눌러 담아 천천히 걸을 것이다. 이때 쓰는 순우리말로 '**발밤발밤하다**'가 있다. '발밤발밤'을 소리 내어 말해 보는 것만으로도 발걸음을 천천히 떼며 바닥을 밟는 느낌이 전해지는 것 같다.

이 단어와 매우 유사한 발음의 순우리말 **'발맘발맘하다'**가 있다. '발밤발밤하다'가 정해진 곳 없이 여유롭게 걸어가는 걸음이라면 '발맘발맘하다'는 어떤 목적이 있는 걸음이다. 바닥에 남겨진 자국을 살피며 따라가는 걸음이기 때문이다.

이들과 비슷한 소리가 나는 단어 **'바람만바람만'**도 알아 두자. '바람만바람만'은 바라보일 정도로 뒤에 멀리 떨어져 따라가는 모양을 흉내 낸 말이다. '그를 바람만바람만 따라갔다'처럼 쓰면 된다.

조심스럽고 가벼운 걸음을 조금 더 살펴보자. 아기가 방에서 잠들어 있다. 발소리에 아기가 잠에서 깨지 않게 조심스럽게 방으로 들어가려면 어떤 걸음이어야 할까? 발뒤꿈치를 들고 살살 걸어야 할 것이다. 이런 걸음을 **'까치걸음하다'**라고 한다. 까치걸음까지는 아니더라도 가볍게 발소리를 내면서 걷는 걸음을 뜻하는 말로 **'자박하다'**, **'겻디디다'**도 있다.

힘없이 느리고 가볍게 걷는 걸음을 살펴봤으니 이번에는 힘차게 걸을 때 쓰는 표현을 알아보자. 발에 힘을 주어 묵직한 걸음을 내딛는 것을 **'저벅대다'**, 더 센 말로 **'쩌벅대다'**라고 말한다. 앞을 향해 힘차게 걷는 걸음을 **'내걷다'**, 힘을 한껏 모아서 빠른 걸음을 걷는 것을 **'욱걷다'**라고 말한다.

힘차게 빨리 걸으려면 기운차게 발걸음을 내디뎌야 할 것이다. 이런 모양은 **'건정건정'**으로 표현할 수 있다. 힘찬 걸음을 걷다 보면 자연스럽게 달리는 것으로 연결된다. 힘차게 달리는 것을 **'내달리다'**라고 하고, 누군가의 뒤를 따라서 달리는 상황에서 쓰는 말 **'뒤달리다'**도 있다.

다양한 걸음을 표현하는 명사도 있다. 흔히 들어 본 적이 있는 단어 **'종종걸음'**, 두 발을 자주 떼어 놓으며 걷는 **'잦은걸음'**, 보폭이 짧고 빠른 걸음을 이르는 말 **'잰걸음'**, 가까운 거리를 자주 왔다 갔다 하는 걸음인 **'잔걸음'**이 있다. 발걸음을 좁게 자주 떼면서 바삐 뛰어가는 걸음을 이르는 **'잔달음'**도 기억해 두자. '소나기가 쏟아지자 사람들은 잔달음을 치면서 근처 건물 안으로 들어갔다'라고 쓴다.

걸음과 관계된 순우리말이 유독 많은 이유가 궁금해졌다. 아마도 걸음은 지금 우리 마음의 온도와 깊숙이 이어져 있어서가 아닐까 하고 생각해 본다. 오늘 당신의 걸음은 어땠는가. 당신의 마음과 걸음은 얼마나 닮아 있었는가.

우리말 뜻풀이

허영허영하다 〖동〗 앓고 난 뒤처럼 걸음걸이가 기운이 없어 쓰러질 듯 비틀거리다.

허영허영 〖부〗 앓고 난 뒤처럼 걸음걸이가 기운이 없어 쓰러질 듯이 비틀거리는 모양.

허전거리다 〖동〗 다리에 힘이 아주 없어 쓰러질 듯이 계속 걷다.

저춤거리다 〖동〗 다리에 힘이 없어 다리를 조금 절며 걷다.

비틀걸음치다 〖동〗 몹시 비틀거리며 걷다.

비트적대다 〖동〗 몸을 제대로 가누지 못하고 약간 비틀거리며 걷다.

허든거리다/허든허든하다 〖동〗 다리에 힘이 없어 중심을 잃고 이리저리 자꾸 헛디디다.

타달타달 〖부〗 지치거나 나른하여 무거운 발걸음으로 계속 힘없이 걷는 소리. 또는 그 모양.

파근파근하다 〖형〗 다리가 걸을 때마다 맥이 없고 내딛는 것이 무겁다. / 가루나 음식 따위가 보드랍고 조금 팍팍하다.
터덕대다/타닥대다 〖동〗 몹시 지치거나 느른하여 힘없이 발을 떼어 놓으며 걷다.
터벌거리다 〖동〗 힘없는 걸음으로 천천히 걷다.
저적대다/자작대다 〖동〗 힘없이 천천히 걷다. / 어린아이가 처음 걷기 시작할 때처럼 발을 천천히 내디디며 위태롭게 걷다.
느실느실하다 〖동〗 느릿느릿 움직이거나 걷다.
어정대다 〖동〗 키가 큰 사람이나 짐승이 이리저리 천천히 걷다.
어기적대다 〖동〗 팔다리를 부자연스럽고 크게 움직이며 천천히 걷다.
발밤발밤하다 〖동〗 가는 곳을 정하지 않고 발길이 닿는 대로 한 걸음씩 천천히 걷다.
발맘발맘하다 〖동〗 한 발씩 또는 한 걸음씩 길이나 거리를 재 가며 걷다. / 자국을 살펴 가며 천천히 따라가다.
바람만바람만 〖부〗 바라보일 만한 정도로 뒤에 멀리 떨어져 따라가는 모양.
까치걸음하다 〖동〗 발뒤꿈치를 들고 살살 걷다. / 두 발을 모아서 종종걸음으로 뛰다.
자박하다/자박자박하다 〖동〗 가볍게 발소리를 내면서 가만가만히 걷다.
겻디디다 〖동〗 발을 가볍게 떼어서 걷다.
저벅대다 〖동〗 크고 묵직하게 발을 내디디며 계속 걷다.
쩌벅대다 〖동〗 발에 힘을 주어 묵직하게 내디디며 계속 걷다.
내걷다 〖동〗 앞을 향하여 힘차게 걷다.
욱걷다 〖동〗 힘껏 힘을 모아 빨리 걷다.
건정건정 〖부〗 기운차게 발걸음을 옮겨 놓는 모양.
내달리다 〖동〗 힘차게 달리다.
뒤달리다 〖동〗 뒤를 따라서 달리다.
종종걸음 〖명〗 발을 가까이 자주 떼며 급히 걷는 걸음.
잦은걸음 〖명〗 두 발을 자주 떼어 놓으며 걷는 걸음.
잰걸음 〖명〗 보폭이 짧고 빠른 걸음.
잔걸음 〖명〗 가까운 거리를 자주 왔다 갔다 하는 걸음.
잔달음 〖명〗 발걸음을 좁게 자주 떼면서 바삐 뛰어 달려가는 걸음.

24 불안

조릿조릿
조바심이 나서 마음을 놓을 수 없는 모양

보잘것없는 것들에 나는 자주 휘청거렸다. 도린곁*에 외떨어진 깃털처럼 사소한 바람에도 온몸을 내어 주어야 했던 때가 있었다. 쓸모없는 불안이었다는 걸 번번이 깨달았지만, 그것은 언제나 오랜 시간이 흐른 후였다.

고스러진* 날들이 이어지면 나는 하루에도 몇 번씩 먼 미래의 어느 날에 천진한 기대를 걸며 내게 무용한 위로를 해 댔다. 그러나 기대가 무람없이* 키질수록 반대쪽에선 보란 듯 불안이 몸집을 부풀려 갔다. 살아 본 적 없는 시간에 거는 기대와 불안이 서로를 움켜쥐고 엎치락뒤치락하는 사이, 미래로 당도한 시간은 한 번도 생각 못한 것들을 던져 놓고 유유히 떠나 버렸다.

- **도린곁** 사람이 별로 가지 않는 외진 곳.
- **고스러지다** (꽃, 벼 따위가) 고부라져 앙상하게 되다.
- **무람없다** 예의를 지키지 않으며 삼가고 조심하는 것이 없다.

어느 날 불현듯 기대와 불안을 키우느라 버림받은 날들에 동정심이 일기 시작했다. 벌어지지 않을 일들에 기꺼이 마음 내준 시간은, 알 수 없는 먼 시간을 위해 **조릿조릿** 탕진해 버린 하루들의 합은 대체 얼마나 되는가.

만질 수 없는 시간을 위해 오늘을 소모하지 않겠다는 다짐을 내게서 받아 낸다. 시간에 또렷한 금을 그어 보기로 한다. 시침이 밤 열두 시를 지나면 오늘이 완성되었구나, 수고했다 어루만져 주면서.

내 삶이 시시각각 투명하게 완성되고 있음을 나는 이제 알아간다. 내 삶 속, 지금, 이 순간에 온전히 머무르며 나를 둘러싼 세계에 오롯하게 귀 기울인다. 내 코끝을 타고 들어온 차가운 공기가 금세 데워져 따듯한 온기로 세상에 나온다는 것, 그 단순하고도 명료한 기적을 잊지 않고 싶다.

에네르게이아는
매 순간에 의미를 부여하고
시시각각 삶이 완성되고 있다고 여기므로
미래의 무언가를 달성하고 말고는
중요하지 않다.
에네르게이아적 삶은
언제 종결되어도 충만한 삶이다.

불안과 흡족함을 부르는 순우리말

 우리는 흔히 인생을 직선으로 난 길이라 여긴다. 탄생이라는 출발점과 죽음이라는 종착지를 직선 양쪽에 점으로 찍어 두고, 그 중간중간 굵직한 목표 지점을 설정해 둔 뒤 이를 향해 달려가는 것이다. 이러한 삶을 키네시스(kinesis)적이라고 말하는데, 이 관점에서는 목적지를 향해 달려가는 과정 속 시간은 아무것도 이루지 못한 무의미한 상태로 본다.
 반면 에네르게이아(energeia)적인 관점에서는 삶의 출발점과 도착점을 설정해 두지 않는다. 에네르게이아는 매 순간에 의미를 부여하고 시시각각 삶이 완성되고 있다고 여기므로 미래의 무언가를 달성하고 말고는 중요하지 않다. 에네르게이아적 삶은 언제 종결되어도 충만한 삶이다.
 에네르게이아적인 삶과는 달리 키네시스적 삶에는 늘 불안이 따라다닌다. 목표를 이루지 못하면 지금의 삶은 의미 없는 것이 되어 버리므로 내딛는 삶의 한 걸음 한 걸음이 조급하고 불안하다. 목표 지점에 도달했다고 해도 만족감은 오래 지속되지 않는다. 이루었다는 성취의 기쁨도 잠시, 곧 깊은 허무와 맞닥뜨리게 되기 때문이다. 그러다 또 다른 목표가 설정되며 우리를 다시 찾아오는 불안. 불안의 다양한 얼굴을 표현하는 순우리말에는 어떤 것이 있을까? 찾아가 보자.

미래에 대한 걱정으로 불안한 느낌이 들 때 흔히 쓰는 말 **'조마조마하다'**가 있다. 이와 유사한 순우리말이 여럿 있다. 어떤 일을 하기에 앞서 초조하고 불안한 느낌이 들 때 쓰는 **'조마스럽다'**, 닥쳐올 일에 자꾸 마음이 불안해질 때 **'조마거리다'**를, 매우 조마조마한 느낌이 들 때 **'조마롭다'**를 쓴다.

또 기대하지 않은 일이 벌어질까 봐 조바심을 내며 마음을 놓을 수 없게 될 때 쓰는 순우리말로 **'조릿조릿하다'**, **'조릿대다'**, **'조릿거리다'**를 들 수 있다. '내가 주범으로 지목받게 될까 봐 조릿조릿해져 고개를 들지 못했다'와 같이 쓸 수 있다.

'조바심치다'라는 단어도 있다. 몹시 조바심을 낸다는 뜻이다. 이 단어는 주로 '조바심치게 만들었다'와 같은 형태로 쓰인다. 조바심에 동동거리며 마음을 졸일 때도 있다. 이럴 때는 **'자글거리다'**를 쓰기도 한다. '자글거리다'는 적은 양의 액체가 걸쭉해지면서 소리를 내며 끓을 때 쓰는 단어이다. 액체가 걸쭉해지듯 걱정과 조바심으로 마음이 졸여지는 것이다. 또 불안할 땐 가슴이 빠르게 뛴다. 흔히 아는 '두근대다'와 유사한 말 **'도근대다'**, **'도근거리다'**, **'도근도근하다'**도 알아 두자.

이번에는 불안감에 두려워진 마음들을 살펴보자. 먼저 **'저어되다'**가 있다. 염려되거나 두려워진다는 뜻이다. **'바잡다'**도 알아 두면 좋다. 너무 두렵고 걱정되는 나머지 조마조마해진 상태를 이른다. 비슷한 말로 **'대끼다'**가 있다. 어떤 일에 심하게 시달렸을 때도 '대끼다'를 쓰는데, 두렵고 마음이 불안할 때도 쓴다. 두렵고 불안한 마음에 심하게 시달렸다고 보면 되겠다.

무슨 일이 벌어질까 무섭거나 두려워서 마음이 초조할 때 쓰는 **'소마소마하다'**도 있다. 두려움은 불길한 느낌으로 이어지기도 한다. 불길한 느낌이 들고 꺼림칙할 때 **'사위스럽다'**를 쓴다. '사위'는 미신으로 좋지 않은 일이 생길까 두려워 어떤 사물이나 언행을 꺼린다는 뜻의 명사다. 불길한 꿈을 꾸고 난 뒤 어쩐지 두렵고 꺼림칙한 느낌이 들 때 '사위스럽다'를 쓸 수 있다.

일이 잘못될까 두렵고 걱정스러운 마음은 우리를 갈팡질팡 서두르게 만든다. 어딘가 다급해져 말과 행동을 서두르게 될 때 **'호도깝스럽다'**와 **'허방지방하다'**를 쓸 수 있다. '호도깝스럽다'는 행동이 방정맞아 점잖지 못할 때 쓰고 '허방지방하다'는 '허둥지둥하다'와 유의어로 생각하면 되겠다.

그렇다면 에네르게이아적 삶에서는 두렵고 불안하고 초조한 마음 대신 어떤 상태로 살아갈 수 있을까? 아무래도 만족스럽고 흡족한 상태로 살아가게 될 것이다. 흡족하여 흐뭇한 것, 넉넉한 상태를 이르는 순우리말을 찾아가 보자.

먼저 **'달갑다'**가 있다. 불만 없이 마음이 흡족한 상태다. 그러나 실제로 '달갑다'를 쓸 때는 '달갑지 않다', '달갑게 여기지 않는다'처럼 '-지 않다'의 형태로 쓴다.

어떤 일에 만족스러울 때면 마음은 자연스레 흐뭇해지는데, 이럴 때 쓸 수 있는 순우리말에 **'올지다'**가 있다. 비슷한 말로 **'오달지다'**, **'하뭇하다'**도 떠올릴 수 있겠다. '따사로운 햇살이 비치는 카페에서 커피를 마실 때면 이보다 더 하뭇할 순 없단 생각이 절로 든다'와 같이 쓸 수 있다. 흐뭇한 마음이 훨씬 더 커졌을 때는 어떨까? '**흐무뭇하다**'를 쓰면 되겠다.

    우리는 매 순간 알 수 없는 시간 속으로, 허공 속으로 발걸음을 내딛고 살아간다. 내게 어떤 일이 펼쳐질지 나는 알 길이 없다. 그렇다면 이 순간 나는 어떤 모습으로 살아갈 것인가. 선택은 나의 몫이다.

우리말 뜻풀이

조마조마하다 형 닥쳐올 일에 대하여 염려가 되어 마음이 불안하다.
조마스럽다 형 일에 대하여 마음이 초조하고 불안한 느낌이 있다.
조마거리다 동 닥쳐올 일에 대해 자꾸 마음이 초조하고 불안해지다.
조마롭다 형 매우 조마조마하거나 조마조마한 데가 있다.
조릿조릿하다 형 마음을 놓을 수 없게 조바심이 나다. 동 자꾸 조바심이 나서 마음을 놓을 수 없는 상태에 있다.
조릿대다/조릿거리다 동 자꾸 조바심이 나서 마음을 놓지 못하다.
조바심치다 동 조바심을 몹시 나타내다.
자글거리다 동 걱정스럽거나 조바심이 나거나 못마땅하여 마음을 졸이다. / 적은 양의 액체나 기름이 걸쭉해지면서 소리를 내며 끓다.
도근(두근)대다/도근거리다/도근도근하다 동 놀라거나 불안하여 가슴이 자꾸 뛰다. 또는 그렇게 하다.
저어되다 동 염려되거나 두려워지다.
바잡다 형 두렵고 염려스러워 조마조마하다.
대끼다 형 두렵고 마음이 불안하다.
소마소마하다 형 무섭거나 두려워서 마음이 초조하다.
사위스럽다 형 마음에 불길한 느낌이 들고 꺼림칙하다.
호도깝스럽다 형 말이나 행동이 조급하고 경망스러운 데가 있다.
허방지방하다 동 정신을 차릴 수 없을 만큼 갈팡질팡하며 다급하게 서두르다.
달갑다 형 거리낌이나 불만이 없어 마음이 흡족하다.

올지다 형 마음에 흡족하게 흐뭇하다.
오달지다 형 마음에 흡족하게 흐뭇하다.
하뭇하다 형 마음에 흡족하여 만족스럽다.
흐무뭇하다 형 매우 흐뭇하다.

25 ● 나의 관객

얼굴빛
얼굴에 나타나는 표정이나 빛깔

우리 딸은 말문을 떼기 시작하면서부터 이런 걸 종종 물어봤다.

"엄마, 속상해?"

"엄마, 화났어?"

"엄마, 행복해?"

아이가 이런 종류의 질문을 할 때면 예외 없이 내 얼굴을 주시하고 난 후였다. 말캉하고˙ 여린 두 손으로 양턱을 괴고선 자맥질˙ 하듯 허공에서 다리를 잘방잘방˙ 흔들면서, 이미 답을 알고 있다는 표정으로 나를 말똥히 쳐다본다. 그럴 때마다 어쩐지 나는 좀 억울했다.

'아무 일도 없는데 왜 자꾸 그래.'

그런데 이상한 일이었다. 반복되는 아이의 질문은 내 마음에 크

- **말캉하다** 너무 익거나 곯아서 물크러질 정도로 말랑하다.
- **자맥질** 물속에서 팔다리를 놀리며 떴다 잠겼다 하는 짓.
- **잘방잘방** 잘바당잘바당의 준말. 조금 묵직한 물체가 물에 자꾸 거칠게 부딪치는 소리. 또는 그 모양.

고 작은 파문을 그렸다. '내가 정말 그랬나?', '진짜 몰랐어?' 같은 원형적 형태의 질문들과 함께.

정말로 그랬다. 나는 아이가 질문을 던진 후에야 내 감정을 돌아봤다는 걸 알아챘다. 덤으로 언제부턴가 지나치게 무덤덤하게 살아왔다는 것도, 감정들을 형식적으로 대하려 애써 왔다는 사실도 깨달으면서.

기쁨은 썰물처럼 밀려가 버리고 곧이어 허무가 몸 구석구석으로 스며든다는 것, 이윽고 가없는 기다림으로 되돌아오는 감정의 도돌이표에 나는 지쳐 있었다. 기대와 실망의 어수선한 협주곡은 그만두고 싶었다. 결국은 혼자란 생각에 군데군데 갈라진 마음의 균열을 메우는 일도 고단했다.

다정했던 지난 순간들이 어느 날 예고 없이 달려 나와 마음에 상처를 낼 수 있다는 것이 두려웠다. 돌아갈 수 없는 시간 속 당신이 그리워지면 소나기처럼 쏟아지는 깊은 슬픔을 피할 수 없다는 사실도. 거대한 파도처럼 밀려오는 감정의 밀도와 중력을 버티기 어려웠다. 기쁨과 슬픔 그 어디에도 깊게 관여하고 싶지 않았다. 더 이상 감정에 복종하지 않겠다 결심했다.

그 이후로 나는 부스러져 나뒹구는 감정의 파편들을 추스르는 일 따위 하지 않았다. 애초에 내 것이 아니었던 것처럼 굴었다. 이미 채색된 감정의 색은 지우고 흐릿하게 만들었다. 모든 일에 덤덤해지고 싶었다. 여름 땅거미가 잔광*을 더디게 삼키다 삽시*에 완

- **잔광(殘光)** 해가 질 무렵의 약한 햇빛.
- **삽시(霎時)** 매우 짧은 시간. 주로 '삽시에' 꼴로 쓰임.

전한 어둠이 몰려오듯 내 기쁨과 슬픔의 빛도 하나둘 불이 꺼져 갔다. 흐려질 수도 있구나, 없던 마음이 될 수도 있겠구나, 그렇게 생각했다.

그러나 딸만큼은 새하얀 눈처럼 맑고 투명한 눈으로 내 마음을 말갛게 읽어 냈다. 내 표정이 함의한* 감정의 미세한 곡선을, 나 몰래 삐져나온 감정의 실금을 홀로 알아챈 것이다.

어느 날 아이가 다시 물었다.
"엄마, 속상해?"

그날은 어쩐지 선명해진 마음으로 진심을 말하고 싶었다.
"응. 오늘은 엄마가 조금 속상해."

아이는 찰방대던 발짓을 멈추고 허공을 타고 내려와 바닥에 발을 대고 섰다. 몇 걸음 만에 내 앞에 선 아이는 그 작은 품에 나를 안고 고사리 같은 손으로 내 등을 토닥였다.

나의 순수한 관객은 한동안 내 어깨에 고개를 비스듬히 대고 서 있다가 감은 팔을 풀어 나를 바라봤다. 환한 **얼굴빛**이었다. 솜털같이 부드러운 머리카락의 감촉과 아이 손끝의 말랑한 잔열에 마음이 데워졌다. 일순 모든 게 아무것도 아닌 일이 되어 버렸다. 웅크린 눈송이가 따뜻한 손바닥에 내려앉자마자 몸을 풀고 사라져 버

- **함의(含意)하다** 말이나 글 속에 어떠한 뜻을 포함하고 있다.

리는 것처럼.

　서로 마음의 관객이 되어 주는 것, 마음에 일렁이는 파도와 물결들을 토닥이고 어루만지며 보내 줄 수 있겠다는, 작지만 단단한 용기가 생겨났다. 어떤 감정이 불쑥 찾아온대도 원망하지 않겠다는 마음으로, 부풀리지도 구기지도 말고 기쁜 건 기쁘게, 슬픈 건 슬프게, 마음의 모습을 있는 그대로 맞이하고 토닥이며 추슬러 보낼 수 있겠다는 기대가, 그런 희망이 들었다.

솜털같이 부드러운 머리카락의 감촉과
아이 손끝의 말랑한 잔열에 마음이 데워졌다.
일순 모든 게 아무것도 아닌 일이 되어 버렸다.

서로 마음의 관객이 되어 주는 것,
마음에 일렁이는 파도와 물결들을
토닥이고 어루만지며 보내 줄 수 있겠다는,
작지만 단단한 용기가 생겨났다.

표정을 부르는 순우리말

우리는 얼굴에 드러난 표정을 보고 상대의 마음을 가늠할 때가 많다. 표정이 마음의 전부를 말해 주진 않지만, 우리의 짐작이 틀릴 때도 많지만, 무형의 마음이 가장 먼저 모습을 보이는 곳은 아마도 표정이 아닐까 싶다.

표정은 얼굴을 무대 삼아 등장한다. 얼굴이란 무대에 등장하는 표정을 이르는 우리말에는 어떤 것이 있을까? 말 그대로 **'얼굴빛'**이라는 단어가 있다. 얼굴에 나타나는 표정이나 빛깔을 뜻하는 말이다. 비슷한 말로 **'낯빛'**이 있다. 이 단어들은 '얼굴빛이 새하얗게 질리다, 붉어졌다, 파래졌다, 흙빛이 되다, 환하다, 어둡다' 등 색이나 밝기와 관련한 단어와 함께 자주 쓰인다.

표정과 관련한 순우리말에는 어쩐 일인지 무뚝뚝하거나 못마땅한 표정의 단어가 많다. **'무뚝뚝'**과 함께 기억해 두면 좋을 단어로 **'뚝뚝이'**가 있다. 말이나 행동, 표정까지도 모두 말 그대로 무뚝뚝할 때 쓴다. 이 단어에는 상냥하다거나 정다운 느낌이 전혀 없다. '그 애는 묻는 말에 뚝뚝이 대꾸했다'와 같이 쓸 수 있다.

무뚝뚝하게 말하거나 행동하는 사람들은 원래 성격이 그럴 수도 있지만, 마음에 들지 않아서 무덤덤하게 반응하는 것일 수도 있다. 입이 짧은 아이에게 음식을 사 줬을 때, 그것도 아이가 별로 좋아하지 않는 음식을 사 줬을 때의 반응을 상상해 보자. 그때 아이의 반응을 표현할 수 있는 말로 '**실뚱머룩하다**'를 들 수 있다. 마음에 내키지 않아 덤덤하고 성의 없이 반응할 때 쓴다.

우리는 썩 내키지 않거나 언짢을 때도 꽤 적극적으로 그 마음을 얼굴에 나타내는 것 같다. 못마땅해서 시무룩해 있는 사람을 보고 우리는 흔히 '**뚱하다**'라는 말을 쓴다. 이와 유사하게 '**뚜하다**'라는 순우리말이 있다. '뚜하다'는 언짢은 기색이 드러난 얼굴이다. 돌아가는 상황이 마음에 들지 않아 말도 없는 상태다. 못마땅해서 말도 하기 싫고, 그러니 자연스레 얼굴에는 언짢은 기색이 새어 나올 것이다. '뚜하다'와 유사한 말로 '**새무룩이**', '**새무룩하다**'가 있다. 마음에 들지 않는 일을 할 때는 어떠할까?

마음에 들지 않으니 적극적으로 할 수 없을 것이다. 이처럼 만족하지 못해 시들한 기색을 드러낼 때는 '**시쁘둥히**', '**시쁘둥하다**'를 쓴다. 왠지 입을 삐죽거리고 있을 것만 같다.

이번엔 화난 표정을 살펴보자. 말소리나 표정에 화가 난 기색이 있을 때 '**볼메다**', '**볼먹다**', '**뾰로통하다**' 혹은 '**부루퉁하다**'라고 표현한다. '볼멘 얼굴', '볼멘 목소리', '볼먹은 소리', '부루퉁한 얼굴'과 같이 쓴다.

걱정스러운 표정에는 어떤 말을 쓸 수 있을까? '**뒷그늘**'이란 순우리말이 있다. 근심이 그늘처럼 얼굴에 어둡게 드리운 표정을 뜻한다. 또 남을 어려워하거나 조심스럽게 여기는 기색을 표현하는 단어도 알아 두면 좋겠다.

'**어림새**'라는 말이 있다. '어림새가 없어서 어른들에게 아무 말이나 마구 한다'와 같이 쓸 수 있다.

다 알면서 아무것도 모르는 척하는 표정도 빼놓을 수가 없다. 태연한 태도로 있다는 뜻의 '**시치름하다**'가 있다. '아무 일도 없었다는 듯 시치름하게 앉아 있는 그 애를 보니 더 화가 난다'와 같이 쓰면 되겠다.

무뚝뚝하고 언짢고 화나고 걱정스러운 표정을 표현하는 순우리말에 비해 밝은 표정의 순우리말은 많지 않다. 표정이나 행동이 밝고 활기가 있을 때 '**발발하다**'를 쓴다. '그 애는 언제나 발발해서 어딜 가나 사람들의 환영을 받는다'라고 쓸 수 있다. 또 얼굴에 흐뭇한 표정을 띠고 있을 때 쓰는 말로는 '**홈홈하다**', '**훔훔하다**'가 있다. '그는 홈홈한 표정으로 아이를 바라보았다'와 같이 쓸 수 있겠다. 말 그대로 웃는 표정을 뜻하는 순우리말 '**웃음빛**'도 알아 두면 좋겠다.

얼굴빛 몡 얼굴에 나타나는 표정이나 빛깔.
낯빛 몡 얼굴의 빛깔이나 기색.
무뚝뚝 몡 말이나 행동, 표정 따위가 부드럽고 상냥스러운 면이 없어 정답지가 않음.
뚝뚝이 閈 말이나 행동, 표정 따위가 부드럽고 상냥스러운 면이 없어 정답지가 않게.
실쭉머룩하다 혱 마음에 내키지 아니하여 덤덤하다.
뚱하다 혱 말수가 적고 묵직하며 붙임성이 없다.
뚜하다 혱 말이 없고 언짢아하는 기색이 있다.

새무룩이 ⬚ 마음에 못마땅하여 별로 말이 없고 언짢은 기색으로.
새무룩하다 ⬚ 마음에 못마땅하여 별로 말이 없고 얼굴에 언짢은 기색이 있다.
시쁘둥히 ⬚ 마음에 차지 아니하여 아주 시들한 기색으로.
시쁘둥하다 ⬚ 마음에 차지 아니하여 아주 시들한 기색이 있다.
볼메다 ⬚ 말소리나 표정에 성난 기색이 있다.
볼먹다 ⬚ 말소리나 표정에 성난 기색이 있다.
뾰로통하다/부루퉁하다 ⬚ 못마땅하여 얼굴에 성난 빛이 나타나 있다.
뒷그늘 ⬚ 근심이 드리운 어두운 표정을 비유적으로 이르는 말.
어림새 ⬚ 남을 두려워하거나 조심스럽게 여기는 기색.
시치름하다 ⬚ 시치미를 떼고 꽤 태연한 태도로 있다. ⬚ 짐짓 꽤 태연한 기색을 꾸미다.
발발하다 ⬚ 표정이나 행동이 밝고 활기가 있다.
훔훔하다/흠흠하다 ⬚ 얼굴에 흐뭇한 표정을 띠고 있다.
웃음빛 ⬚ 웃는 얼굴의 표정. 또는 웃는 낯빛.

26 슬픔의 위로

허우룩하다
마음이 텅 빈 것같이 허전하고 서운하다

몇 해 전 한국어 쓰기 수업에서 있었던 일이다. 그날의 쓰기 주제는 '친구를 위로하는 법'이었다. 슬퍼하는 친구를 위로하는 방법을 경험과 함께 두세 가지 정도 나열하면 되는 비교적 간단한 쓰기였다.

학생들은 수월하게 글을 써 내려갔다. 내용도 엇비슷했다. 괜찮아질 거라고 토닥여 주거나, 얼른 극복하길 바란다고, 활동적인 생활을 해 보라는 조언들이 학생들 연필 끝에 기계적으로 줄줄 달려 나왔다. 종이 위를 오가는 펜 소리가 교실을 오갔다.

그때 한 학생의 목소리가 교실의 고요를 멈춰 세웠다. "저, 못 쓰겠어요." 곧이어 이어진 학생의 말은 이랬다. "위로는 그냥 하면 안 돼요. 위로는 어렵고 위험하니까요."

위로와 위험. 공통분모라곤 하나 없는 지구 반대편 어딘가에 서 있을 것만 같은 단어들이 아닌가. 그는 무슨 연유로 이 서먹한 사이의 단어들을 결합하게 되었을까? 상처를 입지 않으려는 마음일까, 입히지 않으려는 마음일까? 내 머릿속에 마주한 이 두 단어가 어째서인지 종일 머릿속을 떠나질 않았다.

그의 말을 내 식대로 풀어 보면 이랬다. 위로는 사람의 마음을 깊게 헤아린 후에나 겨우 가능한 것인데, 해치워 버리듯 내뱉은 공허하고도 얕은 위로는 도리어 사람의 마음에 상처를 낼 수 있으니 위험하다는 뜻. 다시 말하자면 다른 학생들이 정석처럼 별 뜻 없이 써 내려간 그만그만한 위로는 상대의 마음에 되려 더 선명한 크레바스*를 새겨 버릴 수도 있다는 것이다.

위로와 위험을 곱씹다 붙어 버린 생각은 급기야 내가 지난날 무심히 던지고 지나쳐 온 말들을 선명하게 되살려 냈고, 곧이어 자책을 몰고 왔다. 절삭기에 매끈하게 잘린 듯한 시린 위로가 네 마음에 되려 더 깊은 골을 내 버렸겠구나.

격식 갖춘 서느런 말들이 무람없이 내보낸 말들보다 사람의 마음을 더 깊게 해칠 때가 있다는 걸 몰랐던 건 아니었다. 그럼에도 위로의 말들은 어떻게든 차가운 얼굴은 아닐 거라 믿어 넘기고 싶었다. 무턱대고 믿어 버린 데에는 너를 두루 헤아리고 넉넉하게 보듬을 말들을 고심하기 성가시다는 마음도 얼마간은 깔려 있었다. 네게 내던져진 슬픔이 나에게까지 번져 버리지 않을까, 덜컥 겁이

● **크레바스** 빙하의 표면에 생긴 깊은 균열.

나 한 발짝 뒤로 물러선 마음도 있었고. 슬픔이 얼마나 거친 너울˚로 너를 휘감았을지도 모르면서 이제 일어설 때가 됐다고, 이제 그만할 때도 되지 않았냐고 내 멋대로 네 슬픔의 총량을 재기까지 했었구나, 내가.

자책으로 나를 몰아가던 생각들은 방향을 바꾸더니 또 다른 어느 날로 가 멈춰 섰다. 어쩌다 그런 일이 생긴 거냐고 야단스럽게 초들던˚ 사람들과 나를 보고선 무슨 말을 해야 할까 난처한 기색이 번지던 얼굴들을 목도해야˚ 했던 그때로. 내 슬픔이 공개적인 골칫거리가 되어 버렸다는 걸 알아챈 밤. 나를 위로하겠다 모였던 사람들을 내가 위로하고 안심시켜야 했던 이상한 밤이었다.

'위로는 어렵고 위험하니까요.'

다시금 학생의 말이 머릿속을 떠돌았다. 그랬다. 위로는 이렇게나 위험한 것이었다. 위로를 가운데 두고 나는 너에게 상처를 주었고, 되받듯 나도 상처를 입었구나.

완벽하진 않더라도 꽤 괜찮은 위로를 찾아봐야겠다. 제멋대로 울퉁불퉁하게 닥쳐 버리는 슬픔을 피할 도리는 어디에도 없다는 사실에서부터 출발해야겠지. 슬픔이 닥치면 그 속으로 깊숙이 걸어 들어갈 수밖에 없다는 것을, 슬픔이 생겨나 **허우룩해진** 자리를 버텨 내는 덴 저마다 다른 속도의 시계가 필요하다는 것을 받아들

- **너울** 바다의 크고 사나운 물결.
- **초들다** 어떤 사실을 입에 올려서 말하다.
- **목도(目睹)하다** 눈으로 직접 보다.

여야 한다. 설령 누군가 자신의 슬픔을 소란스럽게 꺼내 놓았다고 하더라도 우리에게는 그의 슬픔을 함부로 소비할 자격이 없다는 사실에 대해서도.

슬픔의 끝이 어딘지는 알 수 없다. 《애도 일기》에서 롤랑 바르트는 말했다. 슬픔은 줄어들지도, 소멸하지도 않으며, 시간에 굴복하지도 않는다고. 시간은 그저 슬픔을 받아들이는 예민함만을 차츰 사라지게 할 뿐이라고. 시간이 지나도 슬픔은 기어이 사라지지 않겠지만, 롤랑 바르트가 말한 슬픔을 향한 둔감은 슬픔에 균열을 일으키고, 그 틈으로 작은 빛이 스밀 수 있다는 가능성을, 그래서 다시 살아갈 수 있을 거라는 역설적인 기대를 의미할 것이다.

한때 온몸이 슬픔에 수몰되어 버렸다 해도, 턱까지 차올랐던 슬픔이 가슴팍으로, 허리와 무릎으로 가라앉게 될 어느 저녁이 드문드문 찾아올 것이다. 문득 따뜻한 밥을 지어 먹고 싶은 저녁들이 모이다 보면, 일상의 작은 의무를 해냈던 보통의 날들로 돌아갈 수 있겠다는 소박한 기대가 나직하게 자리 잡을지도 모르겠다. 비록 슬픔이 지나간 자리에는 무결한 행복은 존재하지 않는다는 비정한 깨달음이 남고, 슬픔은 내 발치에서 기웃대고 있다가 예고 없이 나를 삼켜 버릴지도 모르겠지만, 그럼에도 해사한˚ 순간 역시 어느 틈을 비집고선 우리를 애써 찾아올 거라는 것도 믿는다.

그러니 슬픔을 안달하며 매몰하려 애쓰지 않아도 된다. 슬픔을 아낌없이 소진해 버릴 때까지 아무것도 하지 않아도 좋다. 슬픔이

● **해사하다** 표정, 웃음소리 따위가 맑고 깨끗하다.

기어코 남겠다 한다면 공들여 막지 않아도 괜찮다. 어쨌거나 우리는 어느 날엔 그럭저럭 살아가고 있을 테니까. 이 믿음을 사이에 두고 서로 다정하게 안아 주는 것, 시간을 함께 건너가는 것, 그것만이 우리가 서로에게 줄 수 있는 슬픔의 위로가 아닐까.

'위로는 어렵고 위험하니까요.'

슬픔이 생겨나
허우룩해진 자리를 버텨 내는 덴
저마다 다른 속도의 시계가
필요하다는 것을 받아들여야 한다.

설령 누군가 자신의 슬픔을
소란스럽게 꺼내 놓았다고 하더라도
우리에게는 그의 슬픔을
함부로 소비할 자격이 없다는 사실에 대해서도.

슬픔과 쓸쓸함을 부르는 순우리말

우리가 자주 쓰는 한국어 감정 단어는 대략 430여 개쯤 되는데, 그중 부정적인 감정을 표현하는 단어가 무려 70퍼센트가 넘는다고 한다. 슬픔, 쓸쓸함과 관계된 우리말을 찾으면서 기쁨이나 즐거움을 뜻하는 순우리말도 함께 찾아 본문에 실어야겠다 굳게 마음먹었지만, 긍정적인 감정의 단어를 찾는 데 실패했던 까닭이 여기에 있다.

실제로 긍정적인 감정을 드러내는 순우리말은 '홀가분하다, 사랑스럽다, 기쁘다, 반갑다, 즐겁다, 뿌듯하다, 자랑스럽다, 재미있다, 기껍다, 느껍다' 정도에 그쳤다. 이중 다소 낯설게 보이는 단어인 **'기껍다'**는 '마음속으로 은근히 기쁘다'를, **'느껍다'**는 '어떤 느낌이 마음에 북받쳐서 벅차다'를 뜻한다. '남을 돕고 나면 언제나 마음이 기꺼워진다', '그 책을 다 읽고 나니 마음속 저 깊은 곳에서 느꺼운 감정이 올라왔다'처럼 쓴다.

아쉽지만 긍정적인 감정을 뜻하는 순우리말 소개는 이 정도로 매듭짓고, 슬픔 또는 쓸쓸함을 부르는 순우리말을 알아봐야겠다. 먼저 흔히 알고 있는 슬픔을 표현하는 감정을 나타내는 우리말을 알아보자. 가엾고 불쌍하여 마음이 슬프다는 뜻의 **'애처롭다'**, 마음이 안타깝거나 쓰라리다는 뜻의 **'애달프다'**, 마음이 아플 만큼 안되고 처연하다는 뜻의 **'가엾다'**, 안타깝게 뉘우쳐져 마음이 조금 언짢고 아프다는 뜻의 **'짠하다'**가 있다. 모두 슬픈 마음이다.

여기서부터는 그동안 자주 접해 보지 못한 순우리말을 살펴보도록 하자. 근심 걱정이 가득하면 마음이 답답하고 편하지 않다. 이런 마음을 표현하려면 어떤 단어를 쓸 수 있을까? **'울가망하다'**를 쓸 수 있다. '편찮으신 엄마 걱정에 울가망해 아무 일도 손에 잡히지 않았다'와 같은 문장으로 쓸 수 있다.

마음이 살갗을 찌르는 듯 아플 때는 **'아리다'**를, 칼로 도려내듯 마음을 아프게 할 때는 **'에다'**를 쓴다. 갑자기 가슴을 칼로 도려내는 듯한 슬픔이 몰려올 때 '갑자기 가슴을 에는 듯한 슬픔이 몰아닥쳤다'라고 쓴다.

슬픔은 공허함 또는 허전함과도 맞닿아 있다. 사랑하는 사람이 떠난 뒤 남은 텅 빈 공허함은 슬픔으로 이어진다. 무서움을 느낄 만큼 고요한 가운데 느끼는 쓸쓸하고 외로운 감정, 그것을 우리는 **'호젓하다'**라고 한다. 주위에 사람도 없고, 아무런 소리도 들리지 않을 때도 '호젓하다'를 쓴다.

유사한 말로 마음이 허전하고 서운할 때 쓰는 순우리말로 **'허수하다'**가 있다. '그가 떠난 뒤 마음이 허수해져 견딜 수가 없다'라고 쓴다. '허수하다'와 함께 **'허우룩하다'**도 종종 쓴다. '허우룩하다'도 매우 가까운 사람과 이별해 마음이 텅 빈 것처럼 허전하고 서운하다는 뜻이다.

이와 더불어 **'휘영하다'**도 알아 두자. 사랑하는 사람도 떠나고, 하던 일도 수포로 돌아갔다고 생각해 보자. 걷잡을 수 없이 텅 빈 그 마음이 '휘영하다'이다. 텅 비어 슬픈 마음이다. 한편 주위가 지나치게 고요하고 적막해 쓸쓸한 느낌이 든다면 **'휘휘하다'**를 쓸 수 있다. 슬픔이 온 마음에 **자란자란** 차올라 작은 말 한마디에도 마음이 **뭉클해지는** 밤, 슬픔이 **온새미로** 고요히 흘러가길 기다리는 밤은 우리 모두를 스쳐 간다.

우리말 뜻풀이

기껍다 〔형〕 마음속으로 은근히 기쁘다.
느껍다 〔형〕 어떤 느낌이 마음에 북받쳐서 벅차다.
애처롭다 〔형〕 가엾고 불쌍하여 마음이 슬프다.
애달프다 〔형〕 마음이 안타깝거나 쓰라리다.
가엾다 〔형〕 마음이 아플 만큼 안되고 처연하다.
짠하다 〔형〕 안타깝게 뉘우쳐져 마음이 조금 언짢고 아프다.
울가망하다 〔형〕 근심스럽거나 답답하여 편하지가 않다.
아리다 〔형〕 마음이 몹시 고통스럽다. / 혀끝을 찌를 듯이 알알한 느낌이 있다. / 상처나 살갗 따위가 찌르는 듯이 아프다.
에다 〔동〕 마음을 몹시 아프게 하다. / 칼 따위로 도려내듯 베다.
호젓하다 〔형〕 매우 홀가분해 쓸쓸하고 외롭다. / 후미져서 무서움을 느낄 만큼 고요하다.
허수하다 〔형〕 마음이 허전하고 서운하다.
허수히 〔부〕 마음이 허전하고 서운하게.
허우룩하다 〔형〕 마음이 텅 빈 것같이 허전하고 서운하다. / 매우 가까운 사람과 이별하여 서운하고 허전하다.
휘영하다 〔형〕 마음이 텅 비어 허전하다.
휘휘하다 〔형〕 무서운 느낌이 들 정도로 고요하고 쓸쓸하다.
자란자란 〔부〕 액체가 그릇에 가득 차 가장자리에서 넘칠 듯 말 듯 한 모양.
뭉클하다 〔형〕 슬픔이나 노여움 따위의 감정이 북받치어 가슴이 갑자기 꽉 차는 듯하다.
온새미로 〔부〕 가르거나 쪼개지 않고 생긴 그대로.

27 ● 우리들은 언제고 다시 괜찮아질 거야 ✽

꽃멀미
꽃의 아름다운 모습이나 진한 향기에 취하여 일어나는
어지러운 증세

내가 다녔던 고등학교에는 작은 정원이 있었다. 학교 건물 안쪽 깊숙한 곳에 자리한 정원은 푸르른 나무들이 둥글고 촘촘하게 옹위하고˚ 있었다. 정원은 새하얀 하루치의 햇빛이 모여드는 곳이었다. 햇빛이 다정하게 포란하듯˚ 내려앉은 곳. 그곳은 언제나 환한 빛이 감돌아 포근하고 안온했다.˚

K와 나는 궂은날을 제외하고는 그곳에 매일 갔다. 서둘러 점심을 먹고 매점에서 과자 한 봉지를 사 들고서는 정원을 걸었다. 한 걸음 한 걸음 아끼듯 정원의 가장자리에 촘촘히 발자국을 눌러 담다가 한낮의 햇살에 눈꺼풀이 꾸깃꾸깃해지면 햇빛을 피해 그늘받이 등걸˚에 걸터앉았다.

어린 소녀들의 마음은 쉽게 풀어지고 헝클어졌다. 시험을 망치

- **옹위(擁圍)하다** 주위를 둘러싸다.
- **포란(抱卵)하다** 부화하기 위해 암새가 알을 품어 따듯하게 하다.
- **안온(安穩)하다** 조용하고 편안하다. 날씨가 바람이 없고 따뜻하다.
- **등걸** 줄기를 잘라 낸 나무의 밑동.

고 눈물에 벌겋게 달아오른 얼굴로 아득하게 바라보던 어룽진 벚나무 그늘, 이 성적으론 그 대학은 못 간다는 칼날 같던 담임 선생님 목소리에 물크러져 버린 마음, 끝 모를 터널 속 막막한 어둠이 가없는 연속성을 띠던 그 시간들에.

그러나 소녀들의 마음은 금세 눅어선˚ 부풀어 오르기도 잘했다. 너는 대학 가면 뭐 하고 싶은데, 커서 무슨 일하고 싶은데, 근데 오늘 아침에 옆 학교 그 애가 너 뚫어져라 쳐다보고 지나간 거 아느냐 같은 것들. 그런 이야기에 마음은 너울 치는 고양감에 금세 점령당했다. 조금 전 울음은 내 것이 아니었다는 듯 허공에 손바닥을 펼쳐 두고 부유하는 꽃잎이 무사히 착지하길 기다렸던 무구함. 이야기들 사이사이로 꽃잎이 너울거려 **꽃멀미**가 날 것 같던 그 시간, 그 마음들은 여리고 보얘서˚ 지켜주고 싶은 마음들이었다.

나뭇잎 사이 비좁은 틈으로 비쳐 드는 햇살은 K의 얼굴에 아롱거리는 그림자를 그려 냈다. 그사이 표류하던 봄바람은 방향을 틀고, 꽃잎들은 기다렸다는 듯 떼 지어 활강하기 시작했다. 흔연하게 쏟아져 내리는 한낮의 햇살과 벚꽃잎의 조우. 사방은 금세 은빛으로 환하게 부예졌다. 두서없이 들썽하는˚ 꽃잎들처럼 나도, K도 슬픔과 기쁨을 경계 없이 오가며 울고 또 웃었다.

"우리 한 바퀴만 더 돌고 가자."
교복에 벚꽃 향을 잔뜩 묻혀서 교실로 돌아가곤 했던 충일한˚

- **눅다** 굳거나 뻣뻣하던 것이 무르거나 부드러워지다.
- **보얗다** 연기나 안개가 낀 것처럼 선명하지 못하고 조금 하얗다. 살갗이나 얼굴 따위가 하얗고 말갛다.
- **들썽하다** 어수선하게 들떠 가라앉지 않다.
- **충일(充溢)하다** 가득 차서 넘치다.

어느 봄날이었다.

봄이 오고 벚꽃이 흐드러진 날이 오면 어김없이 학교 정원을 떠올린다. 그 사소한 순간이 내 기억에 이렇게 깊이 새겨질 줄 몰랐다고 매번 새삼스레 놀라면서. 그때 그 어린 소녀의 걱정과 기대들은 내 삶에서 재생되지 않았다. 대신 그 이후로 수많은 순간과 인연들이 겹겹이 겹쳐 예상 못한 행운과 불운이 만들어졌다. 기꺼이 나타난 행운과 불운은 모두 머물 만큼 머물렀다 무심하게 지나갔고, 어떤 것들은 물거품처럼 흔적도 없이 사라졌다. 행운과 불운은 모두 공평하게 사라진다는 사실, 그것은 내게 위안이 되었다. 다시 괜찮아지겠지. 정말 괜찮아질 거야. 언젠가 모든 것은 0의 상태에 가깝게 수렴될 테니까. 그런 믿음이 이제 있으니까.

봄이 오면 정원 속 우리가 느꼈던 안온한 고립감이 떠오른다. 작고 가냘팠던 소녀들의 연대가 아직도 내게 괜찮다고, 우리는 더 밝고 나은 곳으로 향하고 있다고 말해 주는 봄.

그 봄은 언제나 다시 찾아온다.

봄이 오면
정원 속 우리가 느꼈던
안온한 고립감이 떠오른다.
작고 가냘팠던 소녀들의 연대가
아직도 내게 괜찮다고,
우리는 더 밝고 나은 곳으로
향하고 있다고 말해 주는 봄.
그 봄은 언제나 다시 찾아온다.

봄을 부르는 순우리말

싹이 일어설 틈을 마련해 주려고 얼었던 땅이 부산을 떨 즈음엔 달큰한 봄 향기도 어김없이 함께 부풀어 오른다. 땅속 사정을 감히 짐작할 수 있는 것은, 봄기운이 사람들의 코끝으로 그들의 귀향 소식을 바지런히 알리기 때문일 것이다.

봄기운이나 봄이 시작되려는 순간들을 우리는 어떤 순우리말로 표현할 수 있을까? 봄이 시작될 무렵을 말 그대로 잘 전달하는 단어 '**봄머리**'가 있다. '꽃봉오리가 맺히는 봄머리에는 새롭게 시작할 수 있지 않을까요?'와 같이 쓸 수 있다.

봄머리에는 먼저 얼었던 땅이 풀릴 것이다. 초봄, 차가운 땅이 봄기운에 온기를 되찾기 시작하는 때를 이르는 말 '**따지기**'도 알아 둘 법하다. 따지기 무렵에는 빼꼼 솟아난 보드라운 잔머리 같은 연한 싹들도 봄을 알린다. 이렇게 작은 풀의 싹이 돋아나기 시작하는 봄철을 '**잔풀나기**'라고 부른다.

봄을 느낄 수 있는 경치나 분위기를 표현하는 순우리말로는 '**봄빛**'과 '**봄물결**'이 있다. 봄빛과 봄물결은 기분 좋게 찰방이는 온도와 감촉을 기어코 손끝으로 가져와 봄을 느끼게 만드는 단어 같다. 세상의 모든 단어가 봄과 결합하는 순간, 그 단어는 만지지 않아도 다사로운 감각을 느낄 수 있는 신비한 힘을 갖게 되는 걸까.

한번 움트기 시작한 봄기운은 다정해진 바람, 햇살과 동행하며 이런저런 봄소식을 전하기 시작한다. **'봄뜻'**을 알리는 **'봄바람'**은 처음엔 겨울의 얼굴을 띠기도 한다. 꽃이 필 무렵에 갑자기 추워지는 날씨를 **'꽃샘추위'** 또는 **'잎샘추위'**라고 부르는데, 이때 부는 바람을 **'소소리바람'**, **'살바람'**이라고 부른다. 소소리바람은 이른 봄, 살 속으로 스며드는 차가운 바람을 뜻하며, 살바람은 초봄에 부는 차가운 바람을 이른다. 거센 바람은 아니지만 몹시 차갑게 느껴지는 바람이다.

겨울이 이제 정말 막다른 골목에 다다르면, 바람결에 머물렀던 겨울은 자취를 감추고 보드랍고 화창한 바람이 이내 불어온다. 비단결처럼 부드럽고 따뜻한 바람이 느껴졌다면, 그때 우리의 얼굴을 스치고 간 것은 분명 **'명지바람'**이었을 것이다. 명지바람은 보드랍고 화창한 바람을 뜻한다. 바람결에 옅은 꽃향기가 실려 오는 바람은 또 어떤가. 그런 봄바람은 **'꽃바람'**이라 부른다.

꽃 이야기가 나온 김에 '꽃' 자가 붙은 말들을 살펴보자. '봄' 자가 가진 마력 못지않게 '꽃' 자 역시 어디에 붙여도 예쁘다. 꽃이 피는 계절인 **'꽃철'**에 **'꽃그늘'** 아래를 지나면 우리는 어김없이 흐드러지게 핀 꽃이 바람에 흩날리는 순간들을 맞이한다. 꽃잎이 비가 내리듯 가볍게 흩뿌려지는 순간을

'**꽃비**', 눈이 흩날리는 것처럼 꽃잎이 우수수 떨어져 내리는 것을 '**꽃눈깨비**', 바람에 날리는 무수한 꽃잎을 '**꽃보라**'로 표현한다. 꽃이 물결처럼 일렁일 때는 뭐라고 할까? '**꽃물결**'이라 부른다.

꽃이 피고 절정에 이르렀다 어떠한 결말을 맞이할 때까지 꽃은 봄 한가운데 선 사람들을 어지럽힌다. 아름다운 꽃의 모습이나 향기에 취해 일어나는 어지럼 증세를 '**꽃멀미**'라고 말한다. 벚나무 아래 군집한 벚꽃 송이를 올려다볼 때 일순 아득해진 경험이 있었는지. 만약 있었다면 그 순간을 우리는 꽃멀미라 부를 수 있다.

볕바른 양지에서 봄볕을 고이 모아 꽃봉오리를 **벙글었다** 간지러운 설렘을 참지 못해 활짝 펼쳐 내고야 마는 봄. 봄은 언제나 가볍고 명랑하다.

우리말 뜻풀이

봄머리 명 봄이 시작될 무렵.
따지기 명 얼었던 흙이 풀리려고 하는 초봄 무렵.
잔풀나기 명 작은 풀의 싹이 돋아나는 봄철.
봄빛 명 봄을 느낄 수 있는 경치나 분위기.
봄물결 명 봄철의 따뜻하고 포근한 기운이나 정취를 비유적으로 이르는 말.
봄뜻 명 봄이 오는 기운.
봄바람 명 봄철에 불어오는 바람.
꽃샘추위 명 이른 봄, 꽃이 필 무렵 갑자기 느껴지는 추위.
잎샘추위 명 봄에 잎이 나올 무렵 갑자기 느껴지는 추위.
소소리바람 명 이른 봄, 살 속으로 스며드는 차고 매서운 바람.
살바람 명 초봄에 부는 찬 바람.
명지바람 명 보드랍고 화창한 바람.

꽃바람 몡 꽃이 필 무렵에 부는 봄바람.
꽃철 몡 꽃이 피는 계절.
꽃그늘 몡 꽃나무의 그늘.
꽃비 몡 꽃잎이 비가 내리듯이 가볍게 흩뿌려지는 것을 비유적으로 이르는 말. / 비가 꽃잎처럼 가볍게 흩뿌리듯이 내리는 것을 비유적으로 이르는 말.
꽃눈깨비 몡 눈이 내리는 것처럼 꽃잎이 우수수 떨어지는 것을 비유적으로 이르는 말.
꽃보라 몡 떨어져서 바람에 날리는 많은 꽃잎.
꽃물결 몡 물결처럼 일렁이는 많은 꽃을 비유적으로 이르는 말.
꽃멀미 몡 꽃의 아름다운 모습이나 진한 향기에 취하여 일어나는 어지러운 증세.
볕바르다 혱 햇볕이 바로 비치어 밝고 따뜻하다.
벙글다 통 아직 피지 않은 어린 꽃봉오리가 꽃을 피우기 위해 망울이 생기다.

28 빛이 난 곳을 따라 걸어갈게요

소롯이
조금도 축나거나 상함이 없이 그대로 온전하게

지금 생각해 보면 피식 웃음이 나지만 나는 한때 진지하게 요리사를 꿈꿨었다. 요리의 '요' 자와 일면식도 없는 한국어학으로 석사 학위를 받은 지 얼마 안 돼 시작된 꿈이었다.

이런 황당한 꿈을 꾸게 된 건 아마도 그 당시 여러 간명한˙ 연유들이 한꺼번에 몰려와서였을 텐데, 기억해 보자면 대학원 공부에 실망했던 점, 어디론가 도망을 가 버리고 싶었던 마음, 그 와중에 《줄리아의 주방 지혜》라는 책을 흥미롭게 읽었다는 것, 무엇보다 먹는 덴 누구보다 진심이라는 자부심, 사람들에게 이것저것 해 먹이는 걸 좋아한다는 사실이 경계 없이 뒤섞여 몸피˙를 부풀렸기 때문이었다. 엉뚱함과 진지함은 때론 용감한 정비례 관계를 이룬다. 그때의 내가 그랬다. 프랑스 유학을 가야겠다고, 르 꼬르동 블루에

- **간명(簡明)하다** 간단하고 분명하다.
- **몸피** 몸통의 굵기.

입학해야겠다 결심했다.

 그 당시 나는 내 새로운 진로에 대해 누군가에게 간절히 말하고 싶었다. 현실과 동떨어진 결정을 내릴까 말까 망설일 때일수록 더 그렇지 않은가. 응원의 뜻을 담은 말 한 조각이라도 주워 담고 싶은 부질없는 마음이 커지는 그런 때. 하지만 이 얘긴 누구에게 한들 부스러기 같은 공감도 얻기 어려울 거라 생각했다. 그럼에도 싫은 소린 안 듣고 싶었던 모양이었는지 현실적인 조언을 해줄 것 같은 사람들은 '마음 털어놓기 대상' 목록에서 서둘러 제했다. 나의 어떤 결정도 잘했다고 할 사람, 나의 지원군을 찾았다. 그렇게 해서 낙점된 사람은 나의 아버지였다.

 나의 20대는 터무니없는 꿈들이 한계 없이 활보하던 시절이었다. 내 꿈은 수시로 방향키를 틀며 미래의 시간을 종횡무진 휘젓고 다녔다. 영화평론가가 되고 싶었다가, 방송인을 준비했고, 로스쿨 입학으로 방향이 바뀌었다가 언어학을 전공해 언어 교사가 되겠다는 식이었다.

 그럴 때마다 나는 아버지에게 통보하듯 말했다.

 "아빠, 저 이거 하려고요."

 그럼 아버지는 어김없이 이렇게 답했다.

 "그래, 그거다! 그거! 너는 된다! 너는 되게 돼 있어!"

 아버지의 목소리는 언제나 확신으로 가득 차 있었다. 이제야 제대로 된 길을 찾아 나선 딸이 자랑스럽다는 듯이, 마치 딸이 그 길을 가기를 아버지도 오래도록 기다려 왔다는 듯한 목소리였다. 아버지는 가끔 대단한 발견이라도 한 것처럼 무릎을 탁 치며 말하기도 했다. 반복되던 딸의 참패는 아버지에게 언제나 없던 일이 되어 있었다.

나에 대한 아버지의 확신은 동나지 않는 화수분 같단 생각을 하기도 했다. 가끔은 아버지의 진의˚가 의심스러워지기도 했다. 아버지의 확고한 믿음의 출처는 늘 불분명했으니까. 매번 종작없이˚ 일을 벌이는 딸에게 보내는 저 확신은 어디서 나온 믿음인가 미심쩍었지만, 그래도 나는 아버지의 그 말을 좋아했다. 근거가 없을지언정 아버지의 믿음을 타고 풍선처럼 부풀어 오르는 내 마음이 좋았다. 그 마음에 기대어 한 걸음이라도 내디딜 수 있어 좋았다.

돌연 요리학교에 입학하겠다는 의사를 밝혔을 때도 아버지는 말했다. '그래, 그래 그거다! 너는 된다'라고.

물론 나는 요리사가 되지 못했다. 다른 꿈들도 이루지 못했다. 아버지의 무구한 확신이 무색해질 만큼 이루지 못한 꿈들이 훨씬 더 많았다. 그러나 나는 정말 괜찮았다. 나도 모르는 사이 '넌 된다', 이 한마디가 내게 환한 빛길이 되어 있었으니까. 무언가 되지 못했다는 사실은 늘 대수롭지 않은 일이 되어 있었다.

크고 작은 일들 앞에 선 나는 여전히 두렵다. 그럴 때마다 풀죽은 목소리로 마음속 아버지에게 말을 건넨다. '이게 될까요, 아빠?',

---

- **진의** 마음속에 품고 있는 참뜻. 또는 진짜 의도.
- **종작없이** 말이나 태도가 똑똑하지 못하여 종잡을 수가 없이.

'이 길이 맞을까요?', '해 봐도 될까요?'라고. 그럴 때마다 내 마음속 아버지는 예전 모습 그대로, 딸에게 조금이라도 힘을 더 보태 주고 싶다는 그때 그 목소리로 말한다.

"그래 그거야. 넌 된다. 네가 하면 되는 거야."

"아빤 내가 지금 에베레스트산 등반을 하겠다고 해도 잘할 거라 얘기할 거야. 그죠?"

나는 속으로 아버지에게 말장난을 친다. 그렇게 마음속 우리는 마주 보며 싱겁게 웃는다.

아버지의 믿음은 내게 밝고 선연한˚ 빛줄기로 남았다.
밝은 빛을 따라 소롯이 걸어가야겠다고
한 걸음씩 내디디며 그 빛을 좇아가겠다고
아버지에게 가만가만 약속한다.

● **선연(鮮然)하다** 실제로 보는 것같이 생생하다.

크고 작은 일들 앞에 선 나는 여전히 두렵다.
그럴 때마다 나는
풀죽은 목소리로 마음속 아버지에게 말을 건넨다.
그럴 때마다 내 마음속 아버지는
예전 모습 그대로,
딸에게 조금이라도 힘을 더 보태 주고 싶다는
그때 그 목소리로 말한다.

"그래 그거야. 넌 된다. 네가 하면 되는 거야."

제가 좋아하는 순우리말은요

어느덧 이 책의 마지막 장에 이르렀습니다. 마지막 장이니만큼 제가 좋아하는 순우리말을 독자님들과 나눠 보고 싶단 생각이 들었어요. 제가 좋아하는 순우리말에는 무엇이 있나 이것저것 떠올리며 끄적여 보았습니다. 그랬더니 다른 듯 비슷한 하나의 흐름이 보이더군요. 그것은 환하고 단단한 빛을 품은 단어들이었습니다. 제 아버지가 제게 전해 주셨던 말처럼 따듯하게 빛나며 어떤 힘을 내는 단어들이요.

저는 마음과 관련한 단어에 유독 정이 갑니다. 마음 씀씀이를 뜻하는 '**마음새**'는 어쩐지 따듯한 마음만 담아 놓은 것 같고요, 마음의 본바탕이라는 뜻의 '**마음자리**'에는 감사한 일들로만 정갈하게 채워 두고 싶습니다. 마음을 떠올리며 좇아가다 보니 뜬금없이 '배짱'이라는 말도 떠오릅니다. 수시로 마음이 하늘거리며 심약해지는 저로선 배짱이 두둑한 사람들을 보면 그렇게 멋있어 보일 수가 없어요. 한번 품은 생각을 담대하게 흔들림 없이 밀고 나가는 그 기세를 언제나 동경합니다. 여기서 '**보짱**'이라는 단어도 꺼내 볼게요. 마음속에 품은 꿋꿋한 생각이나 요량인 보짱. 보짱이 커졌으면 좋겠는데 이것도 연습하면 키울 수 있을까요? 그럴 수 있었으면 좋겠습니다.

앞으로 나아가는 뜻을 지닌 굳건하고 힘찬 단어도 좋아합니다. **'돋되다'**가 제게는 그런 단어입니다. 이전보다 상황이 더 나아진다는 뜻이죠. 또 저는 **'도두보다'**라는 말도 좋아합니다. '도두'는 '위로 높게'라는 뜻의 부사예요. 그러니 '도두보다'는 실제보다 더 좋게 본다는 뜻을 지니고 있어요. 이왕이면 뭐든 더 좋고 밝은 쪽으로 도두보고 싶습니다.

누구나 다 그런 마음이 한 번쯤은 들겠지만, 저 역시 아무 걱정 없이, 눈치 보지 않고 위풍당당하게 하고 싶은 일을 내 뜻대로 해 보고 싶단 생각이 들 때가 있어요. 물론 현실의 벽에 부딪혀 시작도 못 해 보고 고꾸라질 때가 많지만요.

'내 마음대로'라는 뜻의 순우리말이 있습니다. **'내풀로'**예요. 여기서 '풀'은 '사람의 씩씩하고 활발한 기운'을 말합니다. 그러니까 '내풀로'는 '나의 씩씩하고 활발한 기운으로'라는 뜻으로 이해하면 되겠어요. 내풀로! 큰 꿈을 갖고, 희망찬 발걸음으로 내 뜻대로 하고픈 일을 해내는 힘찬 모습이 연상돼 어쩐지 상상만 해도 덩달아 힘을 얻는 것 같습니다.

저는 **'한결같음'**도 사랑합니다. 세상 모든 것이 변한다고 해도 한 사람만큼은, 한 장소만큼은 변함없이 처음 모습 그대로 머물러 주었으면 좋겠다는 바람이 있거든요. 이런 저의 개인적인 바람을 꼭 눌러 담아 둔 순우리말이 있는데 그건 '또바기'예요. **'또바기'**는 '언제나 한결같이 꼭 그렇게'라는 뜻입니다.

'조금도 축나거나 상함이 없이 그대로 온전하게'라는 뜻의 **'소롯이'**도 있어요. '소롯이'는 행여나 다칠까 상할까 애지중지 사랑을 듬뿍 담아 소중하게 간직해 온 느낌이 들어요. 비슷한 느낌의 **'오롯하다'**도 제게 귀한 단어입니다. 모자람 없이 온전하다는 뜻이에요. 오롯한 마음, 오롯한 사랑, 오롯한 세계. 여러분에게 오롯한 것은 무엇일까? 문득 궁금해집니다.

단단한 마음으로 한결같이 조금씩 나아가다 보면 어느 날 갑자기 마음속에서 무언가 툭 떨어져 또르르 굴러가는 소리가 들릴 때가 있어요. 저는 주로 원고 작업을 할 때 그런 마음의 소릴 듣습니다. 내 생각이 문장으로 무사히 도착할까, 맘 졸이며 썼다 지웠다 반복하던 캄캄한 순간들을 지나고 어렵사리 한 편의 글이 완성되었을 때 마음속 열매가 툭 떨어지며 기분 좋은 소리를 냅니다. 더 이상 바랄 게 없는 이 충일한 마음의 열매를 저는 '나만의 아람'이라고 부릅니다. **'아람'**은 밤이 충분히 익어 저절로 떨어질 정도가 된 상태를 이르는 순우리말이에요.

오늘, 여러분의 마음속에는 어떤 아람이 여물고 있을까 상상해 봅니다. 해사한 빛으로 무르익은 여러분만의 아람이 대구루루 명랑하게 굴러가는 날을 기대합니다.

우리말 뜻풀이

마음새 몡 마음을 쓰는 성질. 마음 씀씀이.
마음자리 몡 마음의 본바탕.
보짱 몡 마음속에 품은 꿋꿋한 생각이나 요량.
돋되다 통 이전보다 더 나아지다.
도두보다 통 실상보다 좋게 보다.
내풀로 부 내 마음대로.
한결같다 형 처음부터 끝까지 변함없이 꼭 같다.
또바기 부 언제나 한결같이 꼭 그렇게.
소롯이 부 조금도 축나거나 상함이 없이 그대로 온전하게.
오롯하다 형 모자람이 없이 온전하다.
아람 몡 밤이나 상수리 따위가 충분히 익어 저절로 떨어질 정도가 된 상태. 또는 그런 열매.

"언어는 존재의 집이다."

_하이데거

삶의 장면마다 발견하는 순우리말 목록
우리가 사랑한 단어들

1판 1쇄 발행 2025년 10월 9일
1판 4쇄 발행 2025년 12월 26일

지은이. 신효원
기획편집. 김은영, 하선정
마케팅. 이운섭
디자인. [★]규

펴낸곳. 생각지도
출판등록. 제2015-000165호
전화. 02-547-7425
팩스. 0505-333-7425
이메일. thmap@naver.com
블로그. blog.naver.com/thmap
인스타그램. @thmap_books

ⓒ 신효원, 2025
ISBN 979-11-87875-51-2 (03810)

책값은 뒤표지에 있습니다.
잘못된 책은 구입하신 곳에서 교환해 드립니다.
신저작권법에 의해 보호를 받는 저작물이므로 무단전재와 무단복제를 금합니다.